다시 몽테뉴로 돌아가다

De Montaigne à Montaigne
By Claude Lévi-Strauss

Preface & edited by Emmanuel Désveaux
© 2016, Editions de l'EHESS
Korean Translation Copyright © Ireunbi Publishing Co. 2025
All rights reserved.
This Korean edition was published by arrangement
with Editions de l'EHESS
through Bestun Korea Agency Co., Seoul

다시 몽테뉴로 돌아가다

레비스트로스의 처음과 마지막 강연

클로드 레비스트로스
고봉만 옮김

이른비

브라질에 머물던 젊은 시절의 레비스트로스(1938).
레비스트로스는 1935년 브라질 상파울루대학의 사회학 교수로
부임해 4년 동안 머물며 카두베오족, 보로로족, 남비콰라족,
투피 카와이브족 등 아마존 내륙의 원주민 사회를 현지 조사했다.
그는 원시사회를 연구하면서 유럽 문명의 뿌리 깊은
우월주의를 비판했으며, 그런 생각은 16세기 신대륙 원주민의
문제를 깊이 성찰했던 몽테뉴에 의지한 바 크다.

16세기 프랑스의 인문주의자
미셸 드 몽테뉴(오귀스탱 드 생토뱅, 1774).
몽테뉴는『수상록』제1권 31장「식인종에 대하여」에서
식인풍습이 있는 신대륙의 원주민들보다 당시 종교의 이름으로
더한 살육을 자행한 유럽인의 야만성을 질타했다. 이런 몽테뉴의
성찰은 그와 동시대인으로 탐험가이자 개신교 목사였던
장 드 레리의『브라질 영토 여행기』(1578)에서 영감을 받았다.
레비스트로스는『슬픈 열대』에서 이 책을
'민족학의 걸작'이라 평가했다.

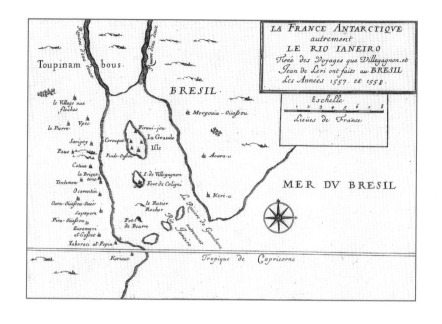

1555년에 세워진 '남극 프랑스령'을 보여주는 초기 지도.
브라질 리우데자네이루의 구아나바라만 어귀에 세워진
식민지 '남극 프랑스령'(La France Antarctique)은 '콜리니 요새'
또는 '빌가뇽의 섬'이라고도 불렀다. 1555년 탐험가이자 제독이던
니콜라 뒤랑 드 빌가뇽이 건설하고 다스렸다. 장 드 레리는
장 칼뱅에 의해 1557년 3월 이곳에 파송되었지만 가톨릭으로 개종한
빌가뇽의 박해를 피해 내륙의 원주민들과 살게 되었고 고생 끝에
1558년 1월 프랑스로 돌아왔다. 몽테뉴는 신대륙에
직접 다녀온 적이 없지만, 하인 중에 남극 프랑스령에서
"10년인지 20년인지 살았던 남자 하인"이 있었다.

1492년 신대륙 카리브해 섬에 도착하는
크리스토퍼 콜럼버스(테오도르 드 브리, 1592).
몽테뉴는 그 어떤 르네상스 사상가들보다 신대륙의 발견에
충격을 받았고, 유럽인이 저지른 악행과 오만을 비판했다.
레비스트로스는 "신세계 발견으로 철학과 정치와 종교의 영역에서
유럽의 사상이 맞이할 변혁을 몽테뉴만큼 정확히 이해하고
예견한 학자는 없었다"라고 말했다.

차례 ———————

해설 | 레비스트로스 사상 속의 몽테뉴   11

첫 번째 강연 —— 1937년 1월 29일
혁명적 학문으로서의 민족지학   45

두 번째 강연 —— 1992년 4월 9일
다시 몽테뉴로 돌아가다   83

몽테뉴 더 읽어보기
식인종에 대하여   121
마차들에 대하여   155

옮긴이의 덧붙임 | 서구 문명의 오만에 균열을 내다   171
레비스트로스 연보   183

일러두기

1. 각주는 원주와 역주를 통합해 일련번호를 붙이되, 원주는 3*과 같이 별표를 하여 구분했다. 원주에서 [ ]는 역자가 덧붙인 설명이다.
2. 두 번째 강연과 관련이 깊은 몽테뉴의 에세이(「식인종에 대하여」「마차들에 대하여」)를 일부 번역해 수록했다. *Les Essais*, Paris, Gallimard, Bibliothéque de la Pléiade, 2007.

레비스트로스 사상 속의 몽테뉴

• 해설

문화전파론자 시절의 레비스트로스

이 책에 수록된 두 강연은 반세기 이상의 시차를 두고 열린 것이지만 서로 잇닿아 있다. 이들 강연에는 프랑스의 가장 유명한 인류학자가 일반 대중을 상대로 어떤 주제로 강연을 시작했다가 다시 어떤 주제로 되돌아오는지, 그 길고 긴 주기의 성격이 규정되어 있다.[1]* 첫 번째 강연은 1937년 1월에, 두 번째 강연은 1992년 4월에 열렸다. 두 번째 강연이 열렸던 해는 아메리카 대륙 발견 500주년

---

[1]* 물론 레비스트로스는 이후에도 계속 글을 썼다. 특히 그는 이탈리아 일간지 『라 레푸블리카』(*La Repubblica*)의 요청을 받아 1989년부터 2000년까지 시평을 썼는데, 프랑스어로 작성된 이 글들은 편집되어 2013년 쇠이유(Seuil) 출판사에서 『우리는 모두 식인종이다』(*Nous sommes tous des cannibales*)라는 제목으로 출간되었다.

과 몽테뉴 서거 400주년으로, 그가 평소에 각별히 생각하던 대륙과 작가를 동시에 기념할 수 있었던, 극히 예외적인 해였다.

그해 나는 『비평』지에 「레비스트로스의 도정(道程). 루소에서 몽테뉴까지」2*라는 제목의 글을 발표했다. 이 글은 직전 가을에 출간된 레비스트로스의 저서 『스라소니 이야기』3*를 읽고 느낀 바를 논평 형식으로 쓴 것이다. 나는 그 글에서 레비스트로스의 지적 여정의 푯말을 세웠다. 즉 루소의 영향을 받았다가 교환에 기초한 상호 이해주의를 수립한 다음 인간 본성에 대하여 깊은 환멸을 갖는, 이른바 몽테뉴의 멜랑콜리로 대표되는 비관주의에 이르기까지 당시 레비스트로스의 인류학적 사고의 기원을 『친족 관계의 기본 구조』(Les Structures élémentaires de la parenté)라는 책으로 설정했다. 그러면서 관련 전문가들이 지속적으로 유지하던 상투적인 논거를 답습했다.

2* 'Un itinéraire de Lévi-Strauss: de Rousseau à Montaigne', *Critique*, n°540, mai 1992, p. 374-390. 이 서평은 엠마뉘엘 데보, 『구조주의를 넘어서: 클로드 레비스트로스에 관한 여섯 개의 성찰』(*Au-delà du structuralisme: six méditations sur Claude Lévi-Strauss*), Paris: Complexe, 2008에 다시 수록되었다.

3* Claude Lévi-Strauss, *Histoire de Lynx*, Paris: Plon, 1991.

하지만 잘못 알고 있었다. 우리는 레비스트로스가 1937년에 한 강연, 즉 프랑스 국립도서관 보존 문서고 덕분에 최근에야 빛을 보게 된 강연의 존재를 몰랐다. 그 강연으로 인해 우리는 레비스트로스가 인류학 분야에 어떻게 첫발을 내디뎠는지에 대한 기존의 생각을 상당 부분 재검토해야만 했다. 처음에 몹시 당혹스럽게 한 이 강연 원고 덕분에 레비스트로스 사유에서 예기치 못한 순간, 즉 그가 문화전파주의를 주장하던 시기가 수면 위로 드러났다. 따라서 문화전파주의가 문화상대주의의 이형(異形) — 앞으로 살펴보겠지만 더 정확히 말하면 모태라고 할 수 있다 — 이라는 사실에 입각한다면 레비스트로스의 지적 여정은 몽테뉴에서 시작해서 몽테뉴로 돌아가는 것으로 수정되어야 더 정확하리라. 물론 그렇다고 해서 레비스트로스의 작품에 미친 루소의 영향이 과소평가되는 것은 아니다. 오히려 레비스트로스의 1937년 강연에는 그에게 루소의 영향력이 미치기 시작했음을 알리는 전조들이 보인다.

레비스트로스가 1935년 아내[4*]와 함께 브라질로 떠났

[4*] 디나 드레퓌스(Dina Dreyfus, 1911~99)를 말한다.

을 때, 그는 사회학 교수로 초빙받았다. 그때까지 그는 인류학자도 민족학자도 아니었다. 물론 파리에서 그 분야의 몇몇 지인들을 만나고 이국적 호기심을 자극하는 몇 권의 민족지학 책을 읽기는 했지만 말이다. 그럼에도 읽은 책이나 만난 사람들을 보면 레비스트로스의 관심이 이미 그쪽으로 쏠려 있었다는 점은 주목할 만하다. 즉 그는 16세기의 선구자라 할 수 있는 장 드 레리,[5] 7년 후 뉴욕에 정착할 때 많은 도움을 준[6*] 동시대의 미국 인류학자 로버트 로위(Robert Lowie, 1883~1957), 그리고 아메리카 연구에 빠져 있었다. 그러나 사실 레비스트로스가 인류학[7]을 진지

---

[5] 장 드 레리(Jean de Léry, 1536~1613)는 프랑스의 탐험가, 작가, 목사다. 프로테스탄트로 개종한 뒤 1552년 스위스 제네바로 이주했고, 1557년 장 칼뱅이 보낸 선교단의 일원으로 브라질 리우데자네이루의 구아나바라만에 세워진 식민지 '남극 프랑스령'(La France Antarctique)에 도착했다. 하지만 1555년에 이 식민지를 건설했던 군인 빌가농(Nicolas de Villegagnon)의 박해를 피해 내륙의 원주민들과 살게 되었고, 갖은 고생 끝에 이듬해(1558) 프랑스로 돌아왔다. 그는 이때의 체험을 기록한 『브라질 영토 여행기』(Histoire d'un voyage fait en la terre du Brésil, 1578)를 남겼다. 이 책은 당대의 몽테뉴와 20세기 레비스트로스의 민족학적 사유에 큰 영향을 미쳤다. 레비스트로스는 『슬픈 열대』에서 "나의 주머니 안에는 민족학자 장 드 레리의 책이 들어 있었다"라고 고백했다.

[6*] Emmanuelle Loyer, *Lévi-Strauss*, Paris: Flammarion, 2015, p. 132, 177.

[7] 인류학(anthropologie)은 민족학(ethnologie), 민족지학(ethnogra-

하게 공부하기 시작한 것은 탐사를 앞두고 흥분과 부산함 가운데 지내던 상파울루에서였다. 그는 관련 주제의 공부를 대부분 독학했다.[8*] 사실 그 시기 프랑스 대학에는 다른 나라와 비교해서 인류학 분야를 지도해줄 수 있는 전문가들이 거의 없었다. 마르셀 모스(Marcel Mauss)나 마르셀 그라네(Marcel Granet) 같은 훌륭한 학자들이 있었지만 그들은 주류에 속하지 않았다. 당시에는 폴 비달 드 라 블라슈(Paul Vidal de La Blache)가 주창한 인문지리학이 엄청난 명성을 누리고 있었으며, 세계를 통합적으로 이해하는 학문으로서 이 분야를 독점했다. 인류학은 주로 미국·영국·독일에서 활발하게 연구되었고, 『미국 인류학자』(*American Anthropologist*), 『왕립인류학회 저널』(*Journal of Royal Anthropological Institute*), 『인류』(*Anthropos*) 같은 잡지들이 그 나라들에서 각각 발행되었다. 이런 잡지들은 상파울루대학 도서관에도 구비되어 있어서, 망명하듯 브라질로 건너온 젊은 교수가 인류학의 주요 주제와 방법론적 기초 지식

phie)이라고도 한다. 우리는 여기서 이 세 가지 용어를 거의 동의어로 사용할 것이다. 레비스트로스 자신도 강연에서 그렇게 사용하고 있다.

[8*] Denis Bertholet, *Claude Lévi-Strauss*, Paris: Plon, 2003, p. 84.

을 신속히 접하는 데 도움이 되었다. 1920~1930년대 인류학에서는 커다란 논쟁이 있었다. 신참 인류학자인 레비 스트로스도 관심을 갖지 않을 수 없었던 그 논쟁은 문화적 다양성에 대한 두 가지 관점을 놓고 때로는 격렬하게 대립했는데,[9*] 기능주의가 그 사이에서 중재자 역할을 했다. 양쪽 모두 '전파' 개념에 호소했지만 거기에 부여하는 기능은 각각 달랐다.

첫 번째 관점은 진화론적 요소를 다수 포함한다. 19세기 후반과 20세기 초의 '순수' 전파주의에 따르면, 일단 사물이 하나 발명되면 그 사물은 지구 곳곳에 전해지며, 관련된 문화 요소들은 이주를 통해 집합적으로 전달된다고 보았다. 독일의 지리학자이자 인류학자인 라첼(Friedrich Ratzel, 1844~1904)이 발표한, 아프리카와 뉴기니에서 발견된 사냥용 활들 사이의 유사성 연구가 가장 유명한 사례라고 할 수 있다. 라첼은 지도를 작성하여 그것들의 이주와 전파 경로를 탐색했고, 문화적 유사성의 원인이 되는 문화

[9*] 당시 논쟁의 개요를 살펴볼 수 있는 책이 뉴욕에서 출판되었다. Grafton Elliot Smith, Bronislaw Malinowski, Herbert Joseph Spinden, Alexander A. Goldenweiser, *Culture: The Diffusion Controversy*, New York: W.W. Norton & Co, 1927.

접촉의 증거를 찾으려고 노력했다. 나아가 그는 대규모의 이주를 통해 문화적으로 앞선 민족이 뒤처진 민족을 정복함으로써 문화가 발달한다고 주장했다.

영국에서는 이집트에서 기원한 문화 요소가 세계적으로 확산되었다고 주장하는 다소 황당한 전파론자도 등장했다. 오스트레일리아 출신의 유명한 해부학자 스미스(Grafton Elliot Smith, 1871~1937)와 그의 제자 페리(William James Perry, 1887~1949)는 모든 위대한 문물이 이집트의 파라오·미라·피라미드·태양숭배에서 유래했으며, 지구상에 존재하는 모든 문화는 그 위대한 문명의 보잘것없는 유산에 불과하다는 이론을 만들어냈다. 그들의 이론은 전문 인류학자들의 지지를 얻지는 못했지만, 당시 대중에게는 큰 인기를 얻었다.

두 번째 관점은 문화현상을 그것이 존재하는 환경 속에서 파악해야 한다는 입장이다. 미국 인류학의 창시자 보아스[10]는 문화적 특징을 일반적인 진화의 추세와 막연히 연관 짓기보다는 특수한 문화적 맥락에 따라 우선 설명되어

---

[10] 보아스(Franz Boas, 1858~1942)는 미국의 인류학자로 북아메리카 인디언 문화와 언어 분야를 연구했으며, 20세기에 주류를 이룬 상대주의적이고 문화 중심적인 인류학을 확립했다.

야 한다고 단언했다. 그는 어떤 문화요소가 외부에서 차용되었다는 사실을 확인하는 것만으로는 충분하지 않으며, 왜, 어떤 방법으로 차용되었는지를 밝히는 것이 중요하다고 보았다.

보아스의 제자인 위슬러(Clark Wissler, 1870~1947)는 북아메리카 자료를 토대로 문화와 그 전파 양식을 논했다. 그는 문화현상의 발생과 전파에 대해서, 연못에 돌을 던지면 잔물결이 퍼져 나가는 것처럼 중심에서 주변으로 전해지는 경향을 보인다고 주장했다. 즉 주변에서 발견된 특질은 오래된 것이고, 중심에서 발견되는 특질은 새로운 것이라는 주장이다.

위슬러는 『인간과 문화』(Man and Culture, 1940)에서 문화를 구성하는 최소 단위로 '문화특질'(culture traits)이라는 개념을 설정했다. 예컨대 불 피우는 행위와 관련된 도구, 관습, 행위들이 하나의 문화특질을 이룬다. 그리고 이런 문화특질들이 모여 '문화복합'(culture complex)을 구성한다. 크로(Crow)족을 포함한 북아메리카 대평원의 인디언 사회들에서 나타나는 아메리카 들소 사냥이 그런 복합의 단적인 예가 될 수 있다. 어떤 특질이 선택되고 다른 특질과 어떻게 조합되는가에 따라 그 형태는 지역의 특징을 나타내

며, 후에 문화복합체가 퍼져 나가는 출발점이 된다.[11]

논쟁이 진행되면서 초기에는 첫 번째 관점이 우세했으나, 점차 두 번째 관점이 '전파'의 개념을 체계적으로 규명함으로써 논쟁에서 이긴다. 미국 인류학자들이 주도한 이 방식은 무엇보다 민족지학자 또는 고고학자들이 찾아낸 문화특질을 독립 기원, 유입, 파생(또는 차용) 등으로 속단하지 않았다. 여기서 '전파'란 그 자체로 하나의 지표이지, 뭔가를 만들어낼 능력이 있고 없음을 나타내는 것이 아니다. 이런 방식으로 전파의 개념을 수용한 두 번째 관점의 전파주의는 문화의 발원지와 진보에 대한 강박관념에서 벗어나, 문화 요소들의 다양한 지리적 분포, 전파 경로와 그 한계를 탐구하는 등 복잡미묘한 문화 현상을 이해하는 데 크게 기여한다.

레비스트로스의 1937년 1월 강연은 바로 문화전파주의 논쟁이 한창이던 때 열렸다. 레비스트로스는 1936년 말에서 1937년 초 사이 브라질에서 파리로 돌아와 짧은 휴가

---

11 보아스와 위슬러에 관한 부분은 다음 자료를 참고해 보완한 것이다. 앨런 바너드, 『인류학의 역사와 이론』, 한길사, 2003; 제리 무어, 『인류학의 거장들』, 한길사, 2002; 이야베 쓰네요 엮음, 『문화인류학의 20가지 이론』, 일조각, 2009.

를 보냈는데, 강연은 바로 이 시기에 프랑스 노동총연맹 (Confédération générale du travail: CGT)의 사회주의자와 평화주의자로 구성된 회원들을 대상으로 열린 것이다. 당시 그는 두 가지 민족지학 '임무'로 분주한 나날을 보냈다. 『슬픈 열대』에서 언급되는 그 임무 가운데 하나는 카두베오(Caduveo)족 마을과 보로로(Bororo)족 마을에 배를 타고 가 현장조사를 진행하는 것이고, 다른 하나는 남비콰라(Nambikwara)족 마을로 탐사를 떠나 잃어버린 원시사회를 연구하는 것이었다[12]*(이 점에 대해서는 레비스트로스의 강연 도입부를 설명할 때 다시 다루겠다).

우리는 나중에 민족지학의 '혁명적' 성격에 대한 레비스트로스의 긴 서론으로 돌아가겠지만, 지금은 그의 핵심 주장이 모든 진화론적인 유형의 추론을 전면 논박하는 것

---

[12]* 클로드 레비스트로스와 디나 레비스트로스는 1936년 12월에서 1937년 3월까지 파리에 머물렀다. 즉 브라질을 잠시 떠나 있던 이 시기는, 카두베오족과 보로로족에 대한 연구(1933년 11월~1936년 3월)와 남비콰라족에 대한 연구(1938년 5월~1939년1월) 사이에 해당한다. 이때 부부는 윌덴슈타인 갤러리에서 보로로족의 민속 공예품 컬렉션을 전시할 기회를 얻었고 일련의 강연도 할 수 있었다. 이러한 사실은 『슬픈 열대』(Paris: Plon, 1957) 281쪽에 간략히 언급되어 있다. 엠마뉘엘 루아예(Emmanuel Loyer)의 『레비스트로스』(*Lévi-Strauss*) 192쪽에도 관련 내용이 나오지만 강연에 대한 언급은 없다.

으로 귀결되고, 이는 우리가 방금 설명한 전파주의 관점에 유용하다는 것만 일단 이해하자.

레비스트로스는 우선 전통적으로 이국 종족에 붙이던 '원시 그대로'라는 용어의 뜻을 풀이한다. 그들이 원시 그대로인 이유는 인류의 기원에 더 가깝거나 우리와 비교하여 뒤떨어져서가 아니라 단지 그들의 본성을 흐리게 하는 그런 종류의 발전을 거치지 않았기 때문이다. 그것이 바로 그들이 본질적인 가치를 지키고 있는 이유다. 레비스트로스는 『신화론』을 집필할 때까지 아주 오랫동안 이런 생각을 견지해왔다. 그러나 여기서 전형적인 전파론자의 작은 목소리를 압축적으로 표현한 것은, 이러한 원시 그대로의 사회가 우리 서구 사회의 과거를 특징짓는 것과는 완전히 다르지만, 어쨌든 서구 사회와 나란히 발전했을 수 있다는 주장에 있다.

레비스트로스는 이런 생각을 진화론의 주요 논리를 규탄함으로써 진전시킨다. 즉 그는 선진 민족과 원시 민족을 우열로 나누는 것을 비판했다. 또 그가 훨씬 더 위험하다고 본 것으로(우리는 그가 원시주의에 경도되어 있었다는 점을 감안하면 그 이유를 쉽게 알 수 있다), 모든 문화는 반드시 동일한 단계를 거친다고 상정하는 인류 진화의 단선적 특성을 비판했다.

레비스트로스는 자연인류학[13]에서 차용한 몇 가지 사례(나중에는 차용하지 않지만)를 제시하면서 이런 진화론적 관점이 무의미하다는 것을 밝히고, 그 자체로 간주되거나 사회학과 직접적으로 연관된 기술 분야를 차례로 언급한다. 예를 들면 인간이 만들어 사용한 물건이나 연장에 대해 구석기 시대, 신석기 시대, 청동기 시대 등으로 나누어 인간 사회의 발전을 정리하고 있는데, 이런 식의 연대기는 아프리카 대륙에서는 적용 불가능하다는 것이다. 왜냐하면 아프리카 대륙에서는 석기 시대에서 바로 철기 시대로 넘어갔기 때문이다.

사냥을 예로 들어봐도 마찬가지다. 코끼리와 같은 커다란 포유동물을 사냥하는 것은 대단히 어려운 일이다. 부족 모두가 힘을 합치지 않고서는 사냥에 성공할 수 없기 때문에 대단히 견고한 사회 조직이 필요하다. 하지만 원시적인

---

13 자연인류학(自然人類學)은 형질인류학(形質人類學)이라고도 한다. 인종의 분류와 그 발생의 원인을 추구하는 학문으로서 발전하여 18세기 말 블루멘바흐(Johann Friedrich Blumenbach, 1752~1840)가 그 기초를 다졌다. 19세기 중반까지는 인종의 신체적 특징과 그 주거지의 환경이나 풍속이 어떤 관련이 있는가 하는 문제를 해명하는 데 주안점을 두었으나, 지금은 주로 생물학의 입장에서 인류의 진화와 변이, 적응 등에 관해서 중점적으로 연구한다.

도구를 가지고 작은 동물을 사냥하는 데 만족하는 종족에게는 고도로 복잡한 조직이 필요 없다. 각자 자기가 먹을 것이나 가족에게 먹일 것을 찾아 직접 사냥에 나서기만 하면 된다. 구조나 조직 면에서 완전히 다른 두 사회에서 사냥은 동일한 개념으로 사용되지 않는다.

농업의 경우에도, 부족의 여자들이 숲에서 뿌리채소를 뽑아 오두막집 근처에 땅을 파서 다시 이 뿌리채소를 심는 일이 중심인 농업이 있고, 동물이 쟁기를 끌게 해서 농사짓는 보다 더 복잡한 농업도 있다. 후자의 방식에서는 결과적으로 동물을 가축으로 길들이기 위해 목축을 병행한다.

사냥이나 농업에서 수없이 다양한 방식이 존재하는 것처럼 문화에도 다양한 양상이 존재한다. 따라서 그것들을, 특히 상관관계에 있는 일군(一群)의 사회·문화 요소들을 근본적으로 동일한 기원에서 생겨난 것으로 여겨서는 안 된다. 그중에서 최악은 사회나 문화에는 서열이 있고, 낮은 차원에서 높은 차원으로 진화한다고 믿는 것이다.

레비스트로스는 강연에서 도구와 기술의 발명을 예로 들어 진화론의 타당성 자체를 부정한다. 그는 일정한 질서나 규칙에 따라 지속적으로 진화하는 일 같은 건 없다고 말한다. 인류의 발전은 처음에는 꼼짝하지 않고 무기력하게 있다가 예외적인 자극을 받은 후에야 변화를 주는 방식으로 이루어졌다는 것이다. 그러므로 인류를 태어나서 질서 정연하게 성인으로 성장하는 아이로 간주하는 것은 잘못된 생각이다. 오히려 70세까지 알파벳도 모른 채 어린 아이처럼 살다가 70세에서 75세 사이에 초등 교육을 받고 75세에서 80세 사이에 중등 교육과 고등 교육을 받은 그런 노인과 비슷하다고 말한다.

레비스트로스는 여러 시대에 걸쳐 나타나는 사례를 통해 진화론의 맹점을 통시적 관점에서 비판한 다음 공시적 관점에서도 비판한다. 우선 그는 "만약 인류가 자연적 흐름에 따라 자발적으로 진화하는 경향이 있다면"이라는 가정하에 인간이 만들어낸 기술적 성과가 전 세계적으로 어떻게 분포해 있는지 살펴본다. 일반적으로 우리는 그것들이 확률론에 따라 고루 분포되었으리라고 생각한다. 하지만 실상은 그렇지 않다. 레비스트로스는 인간이 만든 기술적 성과나 사회적 제도는 지구상에 일정하게 분포되어 있지 않다고 말한다. 기술 체계나 종교, 가족 구조와 같은 것도 마찬가지다. 어떤 곳에서는 지역 전체나 대부분의 권역에서 나타나는데 인접한 다른 곳에서는 아예 나타나지 않는 경우도 있다는 것이다.

이어서 레비스트로스는 문화에 대한 정의를 시도한다. 그에게 문화란 어떤 지역에 거주하는 사람들이 특징적으로 보유하는 종교, 생활 방식과 노동 방식, 행동, 가족의 구성 방식, 제도 등을 포함하는 총체다. 문화의 모든 구성 요소를 통합하고 평준화하는 이런 정의는 프란츠 보아스의 정의와 상통한다고 할 수 있다(비록 구성 요소에 언어는 빠져 있을지라도).

우리는 문화에 대한 레비스트로스의 이런 정의가 나중에 바뀌리라는 것을 알고 있다. 특히 『친족의 기본 구조』에서 혼인 규칙이 인류학적 분석의 처음과 마지막이며, 그만큼 주어진 사회를 분석하는 데 중요한 역할을 했기 때문이다. 이 책에서 그는 자연과 문화를 경계 짓는 가장 기본적인 토대가 근친혼 금기라고 이해하고, 이 근친혼 금기를 피하면서 이루어지는 친족 형성, 그것을 가능하게 하는 혼인의 교환관계를 설명하려고 했다.

레비스트로스는 말을 이어간다. 지금은 진화론을 거부할 때라기보다, 현재 가장 엄밀하고 따라서 가장 현대적이라 평가받는 인류학 학파의 원칙을 가능한 한 명확히 설명할 때라고. 이는 가장 정통적인 형태의 전파주의를 가리킨다. 프랑스에 소개된 이 전파주의가 혁신적이라는 증거는—물론, 사람들의 관심을 더 끌어모은다는 것에도 있지만—관련 용어가 아직 모호하다는 것에서 확인된다. 레비스트로스는 강연에서 당시 독일 인류학계에서는 문화권(Kulturkreis),[14]* 북미 인류학계에서는 문화지역(cultural areas)이라 불렸던 개념을 설명하기 위해 문화영역(terrains culturels)이라는 용어를 사용한다. 이는 어떤 문화특질이 지리적 공간상에 퍼지고 사라지기 이전에 나타났던 그 중심 권역을 말한다. 그는 이런 현상을 분석하는 이론적 틀이나 체계, 즉 하나의 패러다임을 가장 명확히 검증할 수 있는 고고학적 작업을 언급한다. 이 부분에 대해 표현을 바꿔 달리 설명할 필요는 없을 것 같다. 그의 이야기를 그대로 옮기는 것으로 충분하리라.

"미국의 민족지학자들은 다섯 색깔 도자기의 중심지였던 미국 남부 지방에서 켜켜이 다섯 개로 쌓인 지층으로부터 다양한 도자기들을 발굴했습니다. […] 가장 깊숙한 지층에서 발견된 것은 한 가지 색깔의 도자기였습니다. 가장 멀리 떨어져 있는 권역에서 발견된 것과 동일한 것이었습니다. 그다음 다른 지층에서는 다른 종류의 색깔을 지닌

14* 프랑스의 인류학 교재에서는 Kulturkreis를 원어 그대로 사용한다.

도자기들이 발견되었습니다. 결과적으로 우리의 가설이 증명된 것입니다. 다시 설명드리자면, 중심 권역에서 발견된 다섯 가지 색깔 도자기는 가장 최근에 만들어진 것이었습니다. 확산될 시간이 없었던 도자기입니다. 나머지 도자기들은 처음 만들어진 곳에서 멀리 떨어져 발견된 것으로 훨씬 더 오래된 것들이었습니다."

정통 전파주의는 과학적으로 우수하다는 점 외에도 시간적 차원을 공간적 차원으로 바꾸거나 그 반대인 공간적 차원을 시간적 차원으로 바꿀 수 있다는 장점이 있는데, 이는 어떤 손실의 요소도 없이 가능하다. 반면 진화론은 그 어떤 이형(異形)이라고 해도 이것이 불가능하다. 하지만 오늘날 우리는 레비스트로스 자신이 든 바로 그 예를 통해 이런 정통 전파주의적 접근 방식을 비판할 것이다. 즉, 이 모델은 어떤 '의도성'(intentionnalité, 앨프레드 겔의 현대적 용어를 빌린다)[15*]의 잣대로 보면 다음과 같은 이유들을 설명

[15*] Alfred Gell, *Art and Agency: An anthropological Theory*, Oxford: Clarendon Press, 1998(프랑스어 번역: *L'art et ses agents. Une théorie anthropologique*, Dijon: Les Presses du réel, 2009). [앨프레드 겔 (1945~1997)은 영국의 사회인류학자로 예술, 언어, 상징, 의례에 관한 뛰어난 연구를 남겼다. 겔은 『예술과 행위자』(*Art and Agency*) 에서 예술 작품이 복잡한 의도성(intentionality)을 구현하고 사회적 행위를 매개하는 방식을 보여준다. 그는 예술을 미학적 개념보

할 수 없다. 왜 어떤 장식은 외부로 전파되거나 외부에서 채택될 정도로 사람들의 마음을 사로잡는가? 왜 어떤 공방에서는 생산하는 제품을 점점 더 복잡하게 만들려고 애쓰는가? 왜 어떤 사람들은 외부에서 들어오는 것을 쉽게 받아들이는 반면, 또 다른 사람들은 새로운 형태를 창조하려는 성향을 고집하는가?

레비스트로스는 강연에서 도자기 이야기를 꺼내기 전에 석기 제작술이나 풀무의 이용을 예로 들며 어떤 문화 현상이 공간적으로 불규칙하게 분포되어 나타나는 문제를 언급했는데, 실상 이런 불규칙성의 문제는 정통 전파주의 이론으로는 설명할 수가 없다. 그런데 이런 불규칙성이야말로 민족지학의 자료 체계 내에서 규칙적으로 나타나는 징후로서, 민족지학을 가치 있게 하며 모든 문화에 내적 밀도성과 외적 관계성을 부여한다.

결국 『구조인류학』 『오늘날의 토테미즘』 『야생의 사고』 『신화론』의 저자에게 문화전파론자 시절은 일종의 이론적 보류 시기였던 셈이다. 이런 측면에서 『신화론』 제3권의 일부 내용을 살펴보는 것은 흥미롭다.[16*] 거기서 우리는 레

다는 사회적 소통의 한 형태로 보았고, 예술 작품을 제작하는 데 반영된 다양한 유형의 의도성이 상상력을 자극한다고 보았다.]

비스트로스가 초기에 자신이 경도됐던 이론에 대해 진정 후회하고 있음을 발견할 수 있어서다. 레비스트로스는 톰프슨의 아메리카 신화 분류법[17*]을 비판했는데, 사실 이것은 그가 30년 전에 다섯 색깔 도자기 분석에서 옹호했던 추론 유형이다. 즉, 문화특질은 단일한 기원을 가질 수 있으며, 우리는 일련의 동심원을 기반으로 해서 문화특질이 최초 지점으로부터 거리에 따라 범위가 확대될수록 점차 사라지는 경향을 보이는, 그런 공간에서의 진행 과정을 추적할 수 있다는 것이다.

레비스트로스는 신화의 생성과 전파에 대한 전파주의적 분석을 비판하면서 완전히 새로운 방식으로 신화의 의미와 구조를 찾아나선다. 그에게 신화는 '논리적 체계'다. 또한 신화는 스스로 논리를 갖고 있다. 그리고 신화는 다

[16*] Claude Lévi-Strauss, *Mythologiques, t. 3: L'Origine des manières de table*, Paris: Plon, 1968, p. 186 et suiv.

[17*] 미국의 민속학자인 톰프슨(Stith Thompson, 1885~1976)은 아르네(Antii Aarne, 1867~1925)의 작업을 이어받아 민담과 설화 분류의 표준을 만들었다. 아르네-톰프슨 분류제 또는 단순히 AT 분류제로 불리는 이 체계는 세계 각지에 전해지는 옛날 이야기를 그 유형마다 범주, 하위 범주, 이형(異形) 등으로 나눠 수집·분류한 것이다. 레비스트로스가『신화론』에서 시도한 방식은 이와는 완전히 반대되는 것이다.

른 신화와의 관계 없이는 독자적인 의미를 갖지 못하며, 단지 다른 신화와의 관계에 의해서만 의미를 갖는다. 신화는 홀로 떼어놓고 설명해서는 그 의미를 알 수 없기 때문에 레비스트로스는 개별적으로 취한 각 신화는 전체 신화 구조 속에 놓고 보아야 의미가 명료해진다고 말한다.

진화론과 전파론에 대한 레비스트로스의 입장 변화는 이 정도에서 정리하고 이제 그가 자신의 강연을 어떻게 마무리하는지 살펴보자. 레비스트로스는 여기서 슈펭글러가 『서구의 몰락』(*Der Untergang des Abendlandes*)에서 다룬 것과 유사한 주제를 가지고 멕시코 중앙 고원에서 인디오에 의해 꽃피웠던 아스텍 제국의 운명을 다룬다. 이것은 앞서 언급한 '문화영역' 분석의 한 예이기도 하다. 레비스트로스는 인류 역사에서 가장 화려하고 고도화되었던 문명 가운데 하나가 스페인에서 온 소수의 병사들에 의해 그렇게 한순간 붕괴될 수 있는지 묻는다. 그 취약함을 어떻게 설명할 수 있을까. 레비스트로스는 '고립'이라고 말한다. 인간 집단들 사이의 접촉은 서로의 영속성을 보장해준다. 레비스트로스는 강연 마지막에서 훗날 자신이 『인종과 역사』[18]에서 다루게 될 주제를 예고하며 한 걸음 더 나아간다. 즉, 그는 민족 또는 문화 사이의 접촉은 일정한 발전을 가져온다는 것이다. 왜냐하면 고립은 무기력을 낳는 반면, 교류는 움직임과 역동성을 만들어내고, 창조적인 정신을 자극하며, 동시에 이전에 형성된 문화적 지형에서 사회 활력을 촉진하기 때문이다.

레비스트로스의 1937년 강연은 그가 브라질 카두베오족과 보로로족 마을에서 수집한 민족학적 물품들을 파리의 인류와 과학연구 박물관(Musée de l'Homme et de la Recherche scientifique)에 전시할 무렵 이루어진 것이다. 그는 전시회 덕분에 박물관으로부터 비용을 지원받아 남비콰라족 마을로 탐사를 떠난다. 그 현장 체험의 결과를 1955년에 출간된 『슬픈 열대』에 기록했는데, 레비스트로스는 그 책에서 전쟁을 예방하는 가장 좋은 방책으로 '교류'를, 비(非)사회성 문제를 임시나마 해결하는 가장 확실한 방편으로 '교역'을 강조한다.

물론 레비스트로스가 강연에서 말한 두 문화 간의 접촉이나 지적 교류가 남비콰라족에 관한 보고서에서 중요하

---

18 레비스트로스는 1952년 유네스코 사회과학부의 요청으로 『인종과 역사』(*Race et Histoire*)를 출간한다. 이 책에서 그는 문화의 다양성을 주장했고, 진보 관념에 이의를 제기했으며, 문화들 간의 협동이 필요함을 제창했다.

게 다루어지는 '교환'과는 다르다. 후자가 주로 인류 사회의 기본 법칙으로서의 교환, 특히 여성의 교환과 관련된 것이기에 직접적인 비교는 적절치 않을 수 있다. 다만 레비스트로스가 인류학에서 추구하려는 연구방향을 제시했다는 점에서 의미가 있다.

여기서 하나 주목해야 한다. 남비콰라족에 대한 교훈은, 결국 새롭게 발견한 것이라기보다 레비스트로스가 이미 1937년 강연에서 언급한 내용을 심화한 것이다. 그런 의미에서 레비스트로스의 전파주의 시절은 이른바 길을 닦은 것과 같다. 그러므로 그 시기는 헛되지 않으며, 다시 조명해야 할 가치가 있다.

레비스트로스의 두 가지 이타주의

레비스트로스가 프랑스 노동총연맹 회원들을 대상으로 한 강연의 제목은 「혁명적 학문으로서의 민족지학」이다. 오랫동안 사회당의 젊은 당원으로 활동한 그는 이제 분야를 바꿔 자기 나라가 아닌 다른 나라의 사람들, 원시 상태 그대로 사는 불쌍하고 홀대받는 사람들, 역사의 저편으로 밀려나 있고 지리적으로도 멀리 떨어져 살아가는 사람들의 삶에 관심을 갖기 시작했다. 그는 강연에서 증명하려는 것이 있었다. 즉 이런 민족지학 연구가 어떤 의미에서 자신의 입장 변화와 관련이 있는지, 그리고 무엇보다 혁명에는 어떻게 도움이 되는지 하는 것이다.

그리고 타자에 대한 이해는 자기 사회에 대한 비판과 병행된다는 것이다. 그는 이 중요한 상관관계를 보여주는 결정적인 시대와 이국적인 것을 연관지은 다음의 예들을 언급한다. 16세기와 남아메리카(여기서 이미 몽테뉴의 그림자를 엿볼 수 있다), 계몽주의 시대와 북아메리카의 고상한 미개인(라옹탕 남작[19]의 책들과 볼테르의 『캉디드』를 떠올리게 한다), 그리고 마지막으로 오늘날 우리가 보기에 무모한 준거라고 할 만한 1917년 11월 혁명[20]과 소련의 광대한 지리

---

[19] 라옹탕 남작(Baron de Lahontan, 1666~1716)은 프랑스의 군인, 작가, 탐험가로 북아메리카 식민지(누벨 프랑스) 원정에 참여했으나, 체류한 10년간(1683~93) 그곳 원주민들의 삶에 눈뜨면서 유럽 사회의 제도와 관습, 기독교, 식민지화 방식을 비판했다. 신대륙 여행기 『북미로의 새로운 항해』(*Nouveaux voyages dans l'Amérique septentrionale*, 1703)를 남겼고, 특히 휴런족(Huron)의 추장 아디리오와의 가상 『대화록』(*supplément aux Voyages ou Dialogues avec le sauvage Adario*, 1703)은 '고귀한 야만인' 사상의 유행에 기여했다. 그는 스위프트, 루소, 볼테르, 디드로 등 18세기 주요 작가들에게 영향을 미쳤다.

적 영역에 걸친 민족지학 연구에 준 자극이다.

　레비스트로스는 이런 역사적 사례들을 언급하면서 현대 민족지학자가 처한 역설(逆說) 또한 강조한다. 민족지학자는 자신이 속한 사회에서는 진보주의자이지만 답사 현장에서는 보수주의자가 된다. 왜냐하면 무엇보다 민족지학자의 관심을 끄는 것은 원시의 모습 그대로 살고 있는 민족들의 전통과 풍습, 그들의 예전 생활 방식이기 때문이다. 민족지학자가 마음속으로 기원하는 것은 단 하나, 바로 자신이 연구하는 사회가 지켜지는 것, 적어도 '문명'에 의해 최대한 덜 훼손되는 것이다. 이 대목에서 레비스트로스를 평생동안 사로잡고, 그 이후 여러 세대의 인류학자들을 괴롭힐 주제 하나가 드러난다.

　그것은 서구와의 접촉과 진보 사이의 관계를 말한다. 즉 철제 도구가 유입되면서 노동이 훨씬 수월해진 것과 같은 물질적 진보뿐 아니라 식인 풍습이 사라진 것과 같은 도덕적 진보가 이루어졌다는 사실이다. 또는 그 반대로 서

20 1917년 11월에 러시아에서 일어난 프롤레타리아 혁명이다. 레닌이 지도하는 볼셰비키가 주동이 되어 페테르부르크에서 무장봉기하여 전국에 파급되었다. 그 결과 케렌스키의 임시 정권이 무너지고 세계 최초의 사회주의 국가인 소비에트 정권이 수립되었다.

구와의 접촉과 전통문화의 파괴 사이의 관계를 말한다. 진보와 파괴라는 두 가지 상반된 상황 앞에서 인류학자는 어떤 입장을 취해야 할까? 레비스트로스는 두 번째 상황에 대해 자신이 우려하는 바를 분명히 드러낸다. 그러고는 다음과 같이 단호하게 말한다. 민족지학자란 본능적으로 '문명'의 나쁜 영향으로부터 '자신의' 사람들을 지켜내야 한다고. 레비스트로스가 강연에서 표방한 이런 입장은 앞서 우리가 언급한 '원시 그대로의' 사회에 대한 그의 성찰과 연결된다. 여기서 다시 그의 입장을 정리하는 것은 의미가 없다. 다만 민족지학의 혁명적 영향력이 지성인 레비스트로스에게 주된 영향을 미쳤음은 분명하다.

레비스트로스의 두 번째 강연은 몽테뉴와 장 드 레리에게 바친 것이다. 여기서 잠깐 상황을 정리해보자. 강연은 1992년에 열렸는데, 그해는 아메리카 대륙을 발견한 지 500주년을 기념하는, 레비스트로스가 즐겨 말한 바에 따르면 인류의 한쪽 부분이 다른 반쪽 부분을 발견한 지 500주년을 맞이한 해였다. 그리고 몽테뉴 서거 400주년을 맞이한 해이기도 해서 레비스트로스에게는 여러모로 상징적인 의미가 있었다.

어쨌든 이 무렵 레비스트로스는 몽테뉴에 빠져 있었다

(『슬픈 열대』를 펴낸 이후로는 항상 자신의 사유가 장 드 레리에게 빚진 바 크다고 밝혔다). 레비스트로스는 『스라소니 이야기』(1991)에서 몽테뉴를 언급하는데, 이 책은 『신화론』 시리즈를 마무리 짓는 동시에 그의 학문적 유언장 역할을 한다. 그리고 1992년 봄에 이 책에 수록된 강연을 하고 그해 9월 이탈리아 일간지 『라 레푸블리카』에 「몽테뉴와 아메리카 대륙」(Montaigne et l'Amérique)이라는 글을 발표한다. 몇 달 사이에 몽테뉴에 초점을 맞춰 자신의 사유를 펼쳤다고 할 수 있다. 인상적인 것은 이렇게 몇 번에 걸쳐 몽테뉴에 관한 글을 썼는데도 내용의 반복이 없다는 점이다. 몽테뉴에 대한 흠모만 제외하고 말이다.

『스라소니 이야기』에서 레비스트로스는 몽테뉴의 비관주의를 논평하면서 "우리는 우리 존재에 대해 아무것도 알 수 없다"라는 몽테뉴의 저 유명한 문장에 대해 견해를 밝힌다. 그는 이 문장을 "우리는 각자 고유의 특이성을 지닌 하나의 성채이며 생각이나 습관은 그 성채의 성벽이라 할 수 있다"로 해석했다.

레비스트로스는 『라 레푸블리카』에 발표한 글에서 몽테뉴를 완전히 다른 방식으로 읽는다. 그는 몽테뉴가 아메리카 대륙에 서로 다른 양태로 존재하던 두 사회의 모습을 구분해냈다고 지적한다. 한편에는 견고한 정치조직, 화려한 도시 외관, 세련된 예술 등 당시 유럽에 뒤질 바 없었던 멕시코와 페루의 문명이 있었고, 다른 한편에는 느슨한 정치조직과 초보적인 산업에 의존하며 소집단을 이루고 살아가는 열대 아메리카의 저급한 문화가 있었다. 아메리카 원주민 사회의 상이한 양태에 대한 이런 비교를 통해 몽테뉴는 이미 최소한의 사회적 유대를 구축하는 데 무엇이 필요한지 물음을 제기했다.

레비스트로스는 1992년 강연에서 방금 지적한 두 지역 간의 대조를 당시 널리 회자되던 '야만'(barbares)과 '미개'(sauvages)의 개념으로 재정리하여 말했다. 물론 몽테뉴의 천재성은 전자보다는 후자에 더 인간미를 부여했다는 사실에 있다. 즉 그것은 결국 몽테뉴가 자연이나 자연적인 것을 인간적 가치의 기준으로 보는 원시주의(primitivisme)의 미덕을 이미 인식했고, 그렇게 지적으로 무장하여 다음 세대의 홉스, 로크, 루소로 예시되는 정치철학의 계보를 형성하는 길을 닦았다는 말이 된다.

레비스트로스의 강연 속에는 몽테뉴의 가장 잘 알려진 면모가 드러나 있다. 즉 그는 이타주의(altérité)의 예찬자이고, 우리와 다른 인류가 존재한다는 것을 단번에 파악할 줄 알았던 사람이다. 그리고 그 세계의 원주민들도 우리가 살아가는 세계의 일원이고, 그들이 보여주는 놀라운 모습 덕분에 우리의 세계도 더 풍요로워졌으므로 그들은 우리의 존중과 존경을 받을 만하다고 생각했다. 여기서 간단하게 짚고 넘어갈 것이 있다. 레비스트로스가 요약한 이런 몽테뉴의 시각은 인류의 분할과 분열을 전제로 하며, 이는 한편 고전적인 전파주의 이론과 일맥상통한다는 것이다.

원시주의에 대한 예찬이든 문화적 다양성에 대한 옹호든, 1937년 강연은 레비스트로스의 사유 속에 몽테뉴의 존재가 은밀히 자리하고 있음을 확인시켜주고 있다. 1992년의 강연은 몽테뉴의 영향에 대해 보다 명료하게 알려준다. 레비스트로스는 몽테뉴가 모든 종류의 개량주의를 경계했음을 상기시킨다. 몽테뉴는 한 사회는 수많은 부분들이 서로 긴밀한 관계를 유지하면서 전체를 이루는데, 만약 그 가운데 하나를 바꾸면 그 나머지도 연이어 무너져 내린다는 사실을 이해했다는 것이다. 이런 의미에서 몽테뉴는 현대 인류학의 기능주의를, 심지어 구조주의를 내다본 인물이라고도 할 수 있을 것이다.

게다가 레비스트로스는 석기 시대를 '원초적 풍요로움의 시대'로 본 마셜 살린스[21]의 이론을 몽테뉴가 이미 예견했다고 덧붙일 수도 있었을 것이다.[22]* 사실 『수상록』(*Les Essais*) 제2권 12장 「레몽 드 스봉의 변호」에도 엇비슷한 내용이 있기 때문이다.

> 우리가 최근에 발견한 나라(신대륙 아메리카를 말함)들에서는, 사람들이 수고해서 준비해두지 않아도, 자신의 음료와 식량 등이 풍부하게 공급되는 것을 본다. 빵만이 우리의 유일한 식량이 아니며 농사를 짓지 않아도 어머니인 대자연은 우리에게 필요한 것을 풍부하게 제공하고 있음을 알려준다. 대지는 기술을 가하는 지금보다 더 충분하고 풍부하게 우리에게 필요한 물건을 제공해주었을 것으로 보인다.[23]*

---

21 살린스(Marshall Sahlins, 1930~2021)는 인류학계의 세계적 석학이다. 인류의 경제체계가 문화에 의미심장하게 착근되어 있음을 논증함으로써 '합리적 경제인'을 위시한 주류 경제학의 기본 개념들의 허구성을 비판했다. 1960년대 이후에는 프랑스의 지적 전통, 특히 레비스트로스의 구조주의에 영향을 받아 인간의 인지와 행위가 인간의 생물학적 조건이 아니라 문화적으로 구조화된다는 사실을 인류학적으로 조명하는 데 지적 노력을 기울여왔다.

22* Marshall Sahlins, *Âge de pierre, âge d'abondance: L'économie des sociétés primitives*, Paris: Gallimard, 1976(éd. originale: *Stone Age Economics*, New York: A. de Gruyter, 1972).

23* Michel de Montaigne, *Les Essais*, Livre II, chapitre XII(p. 348-349 de l'édition établie et présentée par Claude Pinganaud, Paris: Arléa,

레비스트로스의 1992년 강연은 한담(閑談) 형식을 취하고 있긴 해도 단순히 현대 인류학의 사유를 몽테뉴가 어떻게 예견했는지 살피는 데 머물지 않는다. 그는 『수상록』의 저자가 아메리카 대륙에 대한 정보를 어떻게 얻었는지 그 출처를 하나하나 따져 나간다. 해박하고 전문적인 식견으로 출판 연도를 대조하고, 출간 이전에 유통되던 수사본(手寫本)을 전제하고, 서로 다른 저자들이 상대의 글을 읽었을 가능성까지[24*] 검토해보면서 레비스트로스는 자신에게 지극히 중요했던 문제를 해결할 만한 실마리를 찾아낸다. 신대륙의 식인종을 묘사하면서 몽테뉴는 특히 앙드레 테베(가톨릭교도)와 장 드 레리(개신교도) 중 누구의 자료에

1992).

24* 앙드레 테베(André Thevet)의 『남극 프랑스령의 기이한 이야기』(*Les Singularités de la France Antarctique*)는 1557년에, 장 드 레리(Jean de Léry)의 『브라질 영토 여행기』(*Histoire d'un voyage fait en la terre du Brésil*)는 1578년에 각각 출간된다. 『수상록』의 제1판은 1580년으로 거슬러 올라가는데, 그렇다면 몽테뉴가 레리를 읽었을 시간은 그리 많지 않았으리라 여겨진다. 레비스트로스의 논거는 다음과 같다. 당시에는 책이 인쇄되기 전에 이 사람 저 사람으로 수사본이 옮겨져 읽히던 것이 관행(수사본이 널리 유통될수록 사람들이 많은 관심을 갖게 되고 그것이 바로 출판 투자로 이어졌다)이었기에, 몽테뉴가 수사본을 통해 레리의 책을 분명히 알고 있었다는 것이다. 『브라질 영토 여행기』는 장 드 레리가 프랑스로 돌아온 후 20년이 지나 출판되었음을 상기하자.

더 의지하는가? 종합적으로 검토해본 결과 몽테뉴는 가톨릭교도임에도 불구하고 저울은 후자, 즉 개신교도인 레리 쪽으로 더 기울게 된다. 몽테뉴는 무엇보다 공정하고 객관적인 기준으로 볼 때 레리의 글이 테베의 글보다 훨씬 더 간명하고, 특히 탐구 대상에 대해 직접 들은 정보를 우선으로 했다는 점에서 더 뛰어나다고 판단했던 듯하다. 그런 면에서 그는 민족지학적 방법을 미리 예견했다고 볼 수 있다.[25*]

여기서 또 다른 가설을 제안해보고자 한다. 혹시 레비스트로스는 몽테뉴가 준거로 삼은 민족지학자를 테베가 아닌 레리로 지목하면서 머릿속에 다른 생각이 있었던 것은 아닐까? 그는 대중에게 했던 마지막 강연(물론 그의 생각에 공감하는 선별된 청중 앞에서 행한 강연이긴 하지만[26*])에

[25*] 레비스트로스는 레리의 민족지학적 탐구 방법의 비밀은 바로 "완벽하게 아메리카 인디언의 입장에 서기"에 있었다고까지 말하는 듯하다. 즉, 레리는 완전히 오늘날의 민족학자처럼 처신했다는 것이다. 레비스트로스는 도미니크-앙투안 그리조니(Dominique-Antoine Grisoni)와 나눈 인터뷰에서 이 말을 하고 있다. 다음 책의 앞부분에 실려 있는 「장 드 레리에 대하여」(Sur Jean de Léry)를 참조하라. Jean de Léry, *Histoire d'un voyage faict en la terre de Brésil*(1578). 2° édition, 1580, texte établi, présenté et annoté par Frank Lestringant, Paris: le Livre de Poche, 1994, p. 5–14.

[26*] 아마 대부분 의사들로 구성된 '프로테스탄트 윤리위원회'가 주최

서 자신의 사유가 어디서 출발했는지를 최후로 밝히며, 몽테뉴와 루소의 내밀한 관련성을 제기하고 싶지는 않았을까? 그 두 사상가를 연결해주는 것은 다름 아닌 '진실성'(authenticité)에 대한 요구가 아니었을까? 레리의 종교이자 '제네바 시민' 루소의 종교였던 프로테스탄티즘은 매사에 화려함을 중시하는 가톨릭에 맞서 진실성이라는 요건을 주장하지 않았을까?

몽테뉴와 루소의 관련성은 그것이 아무리 미약하더라도 레비스트로스의 사유 속에서 서로 완전히 다른 두 가지 '이타주의'를 파악할 수 있게 해준다. 하나는 진기한 일에 대한 호기심에서 비롯된 이타주의로 우리 존재를 풍요롭게 하며, 다른 하나는 타고난 것이면서 교환이나 교류를 위해 필요한 이타주의로, 자신의 권리나 자격 등을 포기한 결과에서 비롯되며 기본적인 사회적 유대를 형성케 한다.

이런 두 가지 형태의 이타주의는 레비스트로스가 사유를 전개하는 과정에서 동일한 영향력을 발휘하며, 또한 동일하게 그가 진실로 추구해야 하는 것이 무엇인지를 규정짓는다. 물론 두 번째 이타주의가 첫 번째보다 더 심오하

한 강연으로 파리의과대학에서 열렸을 것이다.

게, 그리고 더 구조적으로 작동한다. 여하튼 몽테뉴는 첫 번째 이타주의를, 루소는 두 번째 이타주의를 훌륭하게 증명해 보이고 있다. 우리는 이쯤에서 레비스트로스가 아메리카와 그곳의 인디언을 발견한 순간부터 줄곧 몽테뉴와 루소 사이를 오갔음을 이해하게 된다.

끝으로 레비스트로스의 말(oralité)에 대해 한마디 하고자 한다. 이 책에 수록된 두 개의 강연은 그의 말을 받아 적은 것으로, 세월의 간극이 있음에도 불구하고 마치 우리가 그의 말을 실제로 느끼고, 만지고, 듣는 듯하게 한다. 특별히 말과 글 사이의 거리가 아주 가깝다는 것은 레비스트로스의 타고난 재능이다. 젊은 시절 부모에게 보낸 편지를 읽어보면 그가 동사를 유연하게 구사하는 방식이 얼마나 놀라운지 알 수 있다.[27*] 마치 글이 말을 이어가고 말이 글을 이어 받는 것처럼 말이다. 글과 말 저마다의 미덕이, 다시 말해 한편으로는 정확성이고 다른 한편으로는 수사학적 매력이 매사의 표현에서 합일을 이룬다.

레비스트로스의 강연을 들었던 사람들은 모두 이 점을

[27*] Claude Lévi-Strauss, *"Chers Tous deux": Lettres à ses parents, 1931-1942*, Paris: Seuil, 2015.

기억한다. 프랑스 노동총연맹의 노동자를 대상으로 하든, 파리의과대학의 지체 높은 의사들을 대상으로 하든 레비스트로스는 항상 청중에게 다가갔고, 항상 그들의 내면을 흔들어놓는 것처럼 보였다. 더 나아가 그들의 손을 잡아 이끌고자 했다면, 그것은 그가 그만큼 청중의 기대에 더 부응하기 위함이었다. 게다가 그의 글은, 심지어 가장 어려운 글일지라도 자신의 독자를 길 위에 버려두지 않고 그들 곁에 있으려는 끝없는 고심을 보여준다. 자신이 구사하는 언어의 수준을 낮추면서가 아니라 언어를 온전히 이용하면서, 즉 언어를 섬기면서 말이다. 그런 점에서 레비스트로스는, 말하는 식으로 쓰고 다른 모든 사람들처럼 말하는 현대의 수많은 작가들과 대척점에 서 있다. 그는 마지막 고전주의자였다.

엠마뉘엘 데보*

---

* 엠마뉘엘 데보(Emmanuel Désveaux, 1956~)는 프랑스의 인류학자로 레비스트로스에게 학문적 영향을 받아 북미 인디언들 사이에서 현장조사를 진행했다. 현재 사회과학고등연구원 연구책임자다.

첫 번째 강연

1937년 1월 29일

혁명적 학문으로서의 민족지학[1*]

오늘 저는 여러분에게 혁명적인 학문으로서의 민족지학에 대해 말씀드리려고 합니다. 결코 쉽지 않은 주제라는 점은 이미 전해 들어 알고 계시겠지요? 주제가 어려운 것은 그 무엇보다 민족지학의 혁명적 성격이 본질적으로 저의 개인적 경험에 기초하고 있기 때문입니다. 민족지학을 혁명적이라고 한 것은 제가 오랫동안 사회주의 단체에서 활동하다가 분야를 완전히 바꿔 미개한 민족들 사이에서 생활했기 때문입니다. 이 두 가지 이력을 비교해보면 서로 연관성이 적은 듯하고, 언뜻 분명한 차이가 있어 보입니다. 하지만 제가 그곳에서 쌓은 경험을 떠올려보면 방향을 실제로 바꾼 것이 아니라 같은 방향으로 계속 나아가고 있다는 생각이 듭니다.

그런 의미에서 저의 강연은 크게 두 부분으로 구성됩니다.

우선 여러분께 민족지학에 대해 말씀드리겠습니다. 이것은 어려운 일이 아닙니다. 여러분 모두 이미 다 알고 있기 때문입니다. 아시다시피 민족지학자란 미개인들 사이에서 살아가는 사람입니다. 그는 쉬운 일은 아니지만 늘 그들과 가능한 한 좋은 관계를 유지하려고 노력합니다. 그리고 미개인들의 삶과 사회, 생활양식, 그리고 알아낼 수 있는 거의 모든 것에 대해 연구 계획을 세웁니다. 대체적으로 자신이 속한 사회와 가장 다른 사실부터 연구를 시작합니다. 예를 들면 도자기 화병 하나를 만들기 위해 여자들이 어떤 일을 하는지, 흙을 어떻게 다루는지, 형태와 장식을 어떻게 만들고, 굽는 과정을 어떻게 거치는지 연구하는데, 이런 것들은 민족지학자에게 연구 대상으로서 민족 신앙이나 우주관을 알아내는 것과 마찬가지로 흥미롭습니다. 또는 어떤 방법으로 물고기를 잡는지도 연구하는데, 이 역시 민족지학자에게는 서로 이야기를 나누기 위해 어떤 용어를 사용하는지 알아내는 것만큼이나 중요합니다. 친족 관계도 흥미를 돋웁니다. 그들이 삼촌이나 숙모, 조부모, 사촌을 뭐라고 부르는지 연구합니다. 다시 말하면 연구하고자 하는 부족의 삶과 관련된 모든 것이 민족지학자의 연구 대상이 됩니다.

여러분은 저에게 민족지학자들은 관심사가 참으로 소박하고 빈약하다고 하실 겁니다. 스스로 문명인이라고 생각하는 우리는 연구 대상인 미개 민족들이 단추 달린 옷을 입고 있구나 단정하고 말면 그만이지 옷의 단추가 오른쪽에 달려 있는지 왼쪽에 달려 있는지 일일이 따지지는 않습니다.

여기서 여러분에게 즉각 주의를 당부하고 싶은 게 하나 있습니다. 문제를 풀 열쇠라고 할 만한 것입니다. 예를 들어 우리는 영국이나 독일 같은 큰 나라의 역사를 연구할 때, 한 세대의 증인이라 할 수 있는 사람들이 남긴 오래된 문헌 전체를 자유롭게 사용합니다. 그들은 문자를 통해 사건이나 상황 등을 우리에게 충실하게 전달하거나 제공할 수 있었던 사람들입니다. 각 민족에게 축적된 기념비적인 증거들이 결과적으로 연구 대상인 사회에 대한 전반적인 지식을 형성하게 됩니다. 따라서 영국이나 프랑스, 독일에 대해서는 우리가 그리 많이 질문할 필요가 없습니다. 왜냐하면 여러 세대를 거쳐 내려오면서 남겨진 다양한 문헌 덕분에 우리 모두가 알고 있는 것들이기 때문입니다.

반대로 민족지학자들은 대부분 문자를 갖고 있지 않은 사람들 사이에서 작업합니다. 그들과 서로 마주 앉은 상황에서 우리가 그들을 이해할 수 있는 문서란 아무것도 없습니다. 그때부터 그들이 사용하는 모든 물건들, 예를 들면 죽을 끓이는 조잡한 오지그릇이나 남자들이 별 생각 없이 장식용으로 꽂는 깃털, 형태가 일정하지 않은 나무로 만든 무기 등은 민족지학자들에게 귀중한 자료가 됩니다. 그것들은 연구하고자 하는 부족의 과거뿐만 아니라 현재의 삶을 파악할 수 있는 유일한 단서가 되기 때문입니다.

우리에게는 책이나 육필 원고 등 기록된 어떤 자료도 없습니다. 조잡하고 평범한 물건들밖에 가지고 있지 않습니다. 그것들 속에서 우리는 정보를 짜내야 합니다. 반면에 역사학자들은 고문서 보관소나 도서관에서 정보를 찾습니다.

민족지학자들은 관련 작업을 어떻게 하나요? 왜 우리는 그런 작업을 할까요? 우리가 작업하는 방식은 어떤가요? 이런 종류의 연구를 하면 무슨 이득이 있나요? 어떻게 보면 제 강연의 첫 부분을 이루는 것은 이처럼 민족지학이란 무엇인가를 알아보는 일이라고 할 수 있습니다.

강연의 두 번째 부분은 훨씬 더 민감한 무언가와 관련된 것입니다. 민족지학은 어떤 점에서 혁명적인 학문이라 할 수 있는가를 다루기 때문이지요.

외견상 민족지학은 전혀 혁명적이지 않습니다. 예를 들어 깨어지거나 부서진 어느[2] 조각 하나에서 짐작되는 생활 방식을 자세히 묘사하는 일과 일상의 정치 투쟁을 분석하는 일에 무슨 공통점이 있겠습니까? 더구나 학문 연구에 '정치'라는 용어를 끌어들이는 것도 마뜩찮을 겁니다. 우리는 마르크스주의 천문학이나 부르주아 수학이 존재할 수 있다는 생각을 비웃곤 했습니다. 민족지학을 혁명적 학문이라고 말하면서 저 또한 이런 종류의 위험에 빠지는 건 아닐까요? 하지만 저는 그렇게 생각하지 않습니다. 왜냐하면 민족지학 연구에 입문하게 되자마자 두 용어의 결합이 자연적으로 발생한다고 할 수 있기 때문입니다. 곧바로 우리는 제가 '혁명의 문제들'이라고 아주 간략하게 부르는 그런 수많은 문제들 앞에 놓이게 됩니다.

우선 역사적 관점에서 주목할 만한 사실이 하나 있습니다. 미개하거나 시대에 뒤떨어지거나 원시 그대로인 사회에 대한 지식에서 우리가 이룬 모든 진보는 언제나 혁명적 비판의 발전과 함께 이루어졌다는 것입니다.

여러분께 간단한 예를 들어 설명하겠습니다.

---

2 강연 속기록에는 이 부분에 단어 하나가 빠져 있다.

우리 사회의 제도에 가해진 비판을 의미하는 혁명적 사유의 최초 발현은 그리스의 회의주의(scepticisme)입니다. 그 기원을 따져보면 엄청나게 오래되었을 것입니다. 하지만 회의주의의 역사를 다루는 게 저의 강연 주제는 아니므로 여기까지만 말씀드리겠습니다. 그리스의 회의주의는 알렉산드로스 대왕이 인도를 정복하던 바로 그 시기에 하나의 이론으로, 하나의 체계적인 학파로 형성되었습니다. 그때는 그리스 문명이 지금까지 자신들이 알고 있던 것과는 전혀 다른 민족과 문화에 직면한 시기였습니다.

유럽의 역사에서는 르네상스 시대에 이르러 비판적 사유가 다시 등장합니다. 예를 들어 우리는 몽테뉴의 작품 속에서, 아메리카 대륙의 발견이 16세기 유럽인들에게 일으킨 지적 대변동과 이러한 비판적 사유가 발전한 것 사이에 명백한 상관관계를 발견할 수 있습니다. 여러분도 아시겠지만 몽테뉴의 사고에서 아메리카의 미개인들은 중요한 위치를 차지하고 있었습니다. 그는 선과 악은 상대적이고, 사회제도는 우리가 알고 있는 것과 전혀 다른 형태로도 존속이 가능하며, 우리와 같은 종교나 정치 규약을 가지고 있지 않더라도 완벽히 조화롭고 행복하게 살 수 있다는 사실을 보여주기 위해 끊임없이 그들을 사례로 들었습니다.

민족지학적 인식의 발전과 혁명적 비판 사이에 이렇게 한 번 관계가 만들어진 다음에는 그 관계가 계속 이어졌습니다. 그리하여 세기마다 혁명적인 문학은 원시 민족의 발견이 가져다준 인간과 세계에 대한 새로운 인식을 온전히 자신의 것으로 삼게 되었습니다.

16세기는 남아메리카 대륙을 발견한 시대였습니다. 우리는 이 시대의 문학 작품 곳곳에서 남아메리카 대륙의 미개인들을 만나게 됩니다. 반면에 18세기는 북아메리카 대륙이 깊이 스며들어 퍼진 시대였습니다. 18세기 프랑스혁명 이전의 비판적인 문학 작품들에서 우리는 매 구절 미국의 인디언들을 만나게 됩니다.

저의 주장을 뒷받침하는 마지막 예는 러시아혁명입니다. 러시아에서는 혁명 초기에 민족지학이 엄청나게 발전했습니다. 사실 우리가 북극해의 경계 지역이나 시베리아의 오지에 원시 그대로 살고 있는 사람들이 많다는 사실을 알기 시작한 것은 겨우 1917년 혁명 때부터입니다.

결과적으로 볼 때 민족지학은 역사적 질문을 던지는 임무를 맡았다고 할 수 있습니다. 매 시기 사회 제도에 대해 비판적 사유를 전개할 때 그 실례를 미개 민족에서 찾았습니다. 그리고 혁명이 발생하면 그 혁명의 주도 세력은 자신들의 인식을 발전시키기 위해 원시 그대로의 미개한 민족들에게서 도움을 받았습니다.

지금까지 역사적 측면에서 혁명 사상과 민족지학을 연결 지어 살펴보았습니다. 물론 이 문제를 다른 측면에서도 고찰할 수 있을 겁니다.

제 주변의 보수적인 동료들은 제가 미개 민족에게 관심을 보이는 것에 대해 놀리듯 이렇게 말하곤 합니다. "자네 같은 사회주의자가 이런 일을 하는 건 본질적으로 모순이 아닌가? 자네는 우리보다 후진적이거나 훨씬 퇴보적인 문명을 수호하거나 보존하려고 애쓰는데 본질적으로는 반동적인 일을 하고 있는 게 아닌가?"

여러분이 방금 보셨듯이 민족지학자는 거의 언제나 좌파에 속합니다. 사실 민족지학자는 좌파에 속해 있을 때 이상한 사람 취급을 받습니다. 한편으로 그는 자신이 살고 있는 사회를 비판하거나 변화시키려 하고 자신의 사회조직을 와해시켜 다른 것으로 대체하려고 합니다. 반면에 자신의 사회를 떠나 미개 부족들 사이에 있게 되면 그는 최악의 보수주의자, 최악의 반동주의자가 됩니다. 왜냐하면 문명의 공격으로부터 이 작은 부족들을 지켜내려 하기 때문입니다. 자신이 속한 사회에서는 혁명주의자이고 동시에 원시 그대로의 사회에서는 보수주의자가 됩니다. 민족지학과 혁명의 관계를 고찰해보고 문제제기를 해봐야 하는 또 하나의 이유가 여기에 있다고 할 수 있습니다.

지금부터는 민족지학과 관련해서 여러분들이 맨 먼저 던지는 몇 가지 질문들, 다시 말해 민족지학의 정의와 관련된 질문들에 대해서 짧게 저의 견해를 말씀드리겠습니다. 이 질문들을 검토하는 것은 언제나 가장 지루한 일입니다. 하지만 문제를 복잡하게 하지 않기 위해서 반드시 거쳐야 하는 일이기도 합니다.

미개 민족들을 연구하는 사람들을 가리키는 용어는 많습니다. 흔히 인류학, 민족학, 민족지학 등과 연관 지어 지칭합니다. 이 자리에서는 이런 용어들을 구분하는 데 필요한 자세한 설명은 하지 않겠습니다.

민족지학은 신생 학문입니다. 막 생겨난 학문이지요. 원시 그대로 살고 있는 종족들의 물질문화를 좀 더 연구하느냐, 아니면 그들의 사회 구성을 연구하느냐, 그렇지 않으면 그들의 정밀한 구조물을 연구하느냐에 따라 각각 다른 용어들을 사용하게 됩니다. 이 점에 대해서 자세히 언급하고 싶지는 않습니다. 그다지 흥미롭지 않기 때문입니다.

여기서 중요한 것은 제가 앞서 사용한 '원시 그대로의'

(primitifs)라는 용어를 어떻게 정의하는가입니다.

일반적으로 민족지학자들은 원시 그대로의 사회를 연구한다고 말합니다. '원시 그대로의 사회'라는 말이 뜻하는 것은 무엇입니까?

이 용어는 매우 오래전부터 사용되었습니다. 16세기에 아메리카 대륙을 발견했을 때에도 사용했습니다. 당시 사람들은 완벽하게 원시적인 종족들을 발견했다고 확신했습니다. 우리는 『성경』으로부터 유래하는 오랜 전통을 가지고 있고, 그 전통에 따라 인간은 사회 상태로 넘어가기 전에 문명의 '황금기'를 거쳤다고 생각했기 때문입니다. 황금기에는 사회 제도도 없었고, 철학이나 산업도 없었고, 문명을 이루는 그 어떤 것도 없었습니다. 최초의 항해자들이 아메리카 대륙에 도착해서 완전히 벌거벗은 상태로 살고 있고, 산업이라는 것도 거의 없으며, 하느님의 계시도 알지 못하는 민족들을 발견했을 때, 고대로부터 내려온 황금기의 전설은 즉시 견고한 지위를 얻고 이전보다 강력한 힘을 갖게 되었습니다. 사람들은 당시 전설상의 황금기를 최후로 증언하는 민족을 발견했다고 생각했습니다. '원시 그대로의 종족'이라는 말이 생겨난 것은 바로 이런 까닭이었습니다. 그리고 우리는 이런 뜻으로 이 용어를 사용합니다. 더 이상 존재하지 않는 완벽하게 원시적인 종족이라는 뜻으로서가 아니고 말입니다.

그러나 사실 미개인은 상대적으로 원시적인 사람들입니다. 그들의 사회 상태는 분명 우리가 알고 있는 최초의 사회 상태는 아닙니다. 원초적인 어떤 상태임에는 틀림없습니다. 우리 사회가 알고 있는 수천 년 전의 일정한 사회 상태와 유사하기 때문입니다.

이런 방식으로 문제를 제기하는 것도 물론 가능합니다. 유혹적이기도 합니다. 하지만 저는 이런 방식이 위험하다고 생각합니다. 그렇다면 아프리카나 아메리카의 미개 민족들이 우리보다 훨씬 늦게 진화하기 시작했고, 말하자면 우리보다 1만 년이나 2만 년 늦게 새로이 인류가 되었다는 것이 사실이라고 받아들여야 하는데, 그것은 그들이 우리보다 늦게 지구에 존재하기 시작했다는 가정하에서만 설명이 가능합니다.

이런 생각은 조금만 검토해보면 터무니없다는 것이 금방 드러납니다. 도르도뉴 지방의 동굴에 미개인들이 살고 있었을 때 아메리카나 아프리카에도 미개인들이 살고 있었습니다. 우리가 원시 그대로의 종족이라고 부르는 사람들은 문명화된 우리 사회만큼이나 오래전부터 존재했습니다.

그들은 아마 다른 방식으로 진화했을 것입니다. 그들이 보여주는 양상은 우리와 동일하지 않습니다. 그러나 그것이 우리보다 원시적이라고, 적어도 우리보다 반드시 원시적이라고 할 수는 없습니다.

우리는 흔히 인간과 원숭이는 같은 조상에서 진화했다고 생각합니다. 하지만 이것이 원숭이가 인간에 비해 더 원시적인 동물 유형이라는 의미는 아닙니다. 인류학자들은 다음과 같이 말합니다. 인간과 유사한 특징을 비교해봤을 때, 원숭이가 실제로 인간보다 더 원시적인 수백 가지 특징을 지니고 있지만, 또 반대로 인간보다 더 진화한 다른 수백 가지 특징도 지니고 있다고 말입니다.

같은 맥락에서 우리는 대개 흑인종이 백인종에 비해 원시적이라고 생각합니다. 한편으로는 맞고 한편으로는 틀립니다. 몇몇 특징들은 흑인이 백인보다 원시적인 양상을 보이기는 하지만, 반대로 다른 특징들은 그들이 더 진화한 양상을 보이기 때문입니다. 흑인들의 발달한 입술은 유럽인들의 얇은 입술보다 훨씬 더 진화했다는 증거입니다. 흑인과 백인의 오랜 공통 조상은 두꺼운 입술을 지닌 것이 아니라 얇은 입술을 지닌 것이 확실하기 때문입니다.

우리는 동물 종(種)이나 인간 사회 내부에서도 동일한 사실을 확인할 수 있습니다. 우리는 다양한 방식으로 진화한 서로 다른 유형의 사회들을 만납니다. 하지만 우리가 원시적이라 부르는 많은 사회가 오늘날 우리 사회보다 훨씬 더 세련되고 복잡한 제도를 가지고 있습니다.

그러나 이런 민족들을 지칭하는 데 사용하는 '원시 그대로의'라는 용어가 이제 일상 언어 속으로 들어왔습니다. 저 또한 그 용어를 사용합니다. 사람들도 이미 익숙해졌고 그게 편하기 때문이기도 합니다. 아울러 이 용어의 뜻이 한번 명백히 밝혀져 규정된 이후 혼돈을 일으킬 염려 없이 이 용어를 사용할 수 있기 때문이기도 합니다.

원시 그대로의 사회가 우리와 구별되는 다른 사회라는 것은 그 단순성에 있습니다. 여기서 단순하다는 것은 더 뒤떨어져 있다거나 덜 개량되었음을 의미하지 않습니다. 저는 이 점에 대해 전적으로 객관적인 기준으로 여러분께 말씀드리겠습니다.

우선 원시 그대로의 사회는 규모가 크지 않습니다. 유럽 사회가 수백만의 개인으로 구성되어 있다면 원시 그대로의 사회는 수천, 수백 또는 수십 명으로 구성되어 있습니다.

다음으로 원시 그대로의 사회는 일반적으로 기술 분야가 매우 덜 발달했습니다.

그리고 그다지 밀도가 높지 않습니다. 사람들이 드문드문 살고 있다는 의미에서입니다. 사회 현상이 우리보다 훨씬 단순하게 나타나는 사회라는 말입니다.

우리 사회에서는 예를 들면 가족과 같은 하나의 제도를 이해하기 위해서 많은 자료를 뒤져야 하고, 상당량의 각종 기록들을 검토해야 합니다. 왜냐하면 우리 사회는 밀도가 높고 부피가 크기 때문입니다. 반대로 원시 그대로의 사회는 인구가 많지 않고 조밀하게 모여 살지도 않습니다. 따라서 우리 사회보다 사회 현상을 훨씬 더 관찰하기 쉽고 탐구하기가 쉽습니다.

다음 예를 들면 제 생각을 잘 이해하실 겁니다.

굴(huître)이 어떻게 먹이를 먹고 소화하는지는 잘 연구되어 있습니다. 반면에 인간의 소화 현상은 아직까지 완전히 알려지지 않았습니다. 그렇지만 굴은 인간보다 훨씬 오래된 생물이고 인간과 마찬가지로 수천 년에 걸쳐 진화했습니다. 현재의 굴은 우리가 원시 상태의 인간과 다른 것처럼 신생대 제3기의 굴과 완전히 다릅니다. 그러나 굴은 단순한 유기체이기 때문에 복잡한 유기체에 비해 소화 현상을 연구하기가 훨씬 수월합니다.

사회현상 연구도 마찬가지라고 말씀드리고 싶습니다.

민족지학자가 마주치는 모든 어려움은 '원시 그대로의'라는 말뜻을 잘못 받아들여서 생깁니다. 예를 들어보면 쉽게 이해하실 겁니다. 19세기 중반에 진화론이 등장했을 때 많은 사람들은 엄청난 충격에 사로잡혔습니다. 진화론은 전통적 세계관으로부터의 완전한 해방을 뜻하는 것이었습니다. 인간과 그 밖의 세계 사이에 확립된 관계로서 거의 모든 것에 적용되는 보편적이고 명료한 원칙입니다. 그것은 여러분이 알고 있는 가치이며 그것 없이는 우리가 더 이상 할 수 있는 게 없는 원칙입니다. 당시 사람들은 이런 진화론적 설명을 인간 지식의 모든 분야로 확대하고 싶은 유혹에 시달렸습니다. 인간의 발달을 동물의 발달과 연관 짓는 데 만족하지 않고 더한 것도 할 수 있으리라 생각했습니다. 이 진화론의 원리를 적용하면, 수많은 시간과 공간에 걸쳐 인간의 제도가 취해온 가장 다양한 형태들을 이해할 수 있으리라 믿었습니다. 마찬가지로 무한정 연결 짓고 계속해서 매개하다 보면 현재의 인류에서 더 원시적인 형태의 인간으로, 그다음에는 원숭이를 닮은 인간으로 옮겨갈 수 있고 포유류에서 더 단순한 유기체 등으로, 심지어 미분화된 생명체에 이르기까지도 진화론의 원리를 적용할 수 있으리라 여겼습니다. 사람들은 매우 복잡한 사회 제도를 더 단순한 사회 제도와 연결 짓다 보면 인류의 진화 전체를 이해할 수 있으리라 믿었습니다.

인간 사회에 적용된 진화론적 사고는 다음 두 가지 주장으로 이루어져 있습니다. 첫째, 모든 인간 사회는 연속적인 일련의 단계들을 거친다는 것입니다. 이를 통해 인간 사회는 매우 단순한 상태에서 점점 더 복잡한 상태로 변해간다는 것이지요. 둘째, 그 결과를 고려할 때 첫 번째보다 훨씬 더 심각하고 중요한 주장으로, 지구상의 모든 다양한 형태의 사회 제도를 조사함으로써, 부족과 민족을 아울러 사회적 차원에서 인간 진화의 계통을 재구성할 수 있다는 것입니다. 무슨 뜻이냐 하면, 지구상에서 A, B, C, D 형태의 사회 제도를 가진 각각의 민족들을 찾아낸다면, 인류가 점점 복잡한 단계를 거쳐 현재에 가까운 형태로 진화해왔음을 나타내는 A, B, C, D를 유기적으로 배열할 수 있다는 것입니다.

이런 관점을 단선적 진화론이라고 합니다. 모든 인간 사회는 필연적으로 동일한 단계를 거치며, 현재 처해 있는 단계에서만 서로 차이가 있음을 뜻합니다. 예를 들면 현재의 유럽 사회가 Y 또는 Z 단계에 와 있다면, 인도 사회는 M 또는 N 단계에, 아프리카 중앙의 여러 부족이나 호주(濠洲) 원주민들은 B, C, D 단계에 와 있다는 것입니다.

한편으로 우리 유럽 사회가 오늘날의 인도나 아프리카 또는 호주 사회가 속해 있는 단계를 거쳤다는 것이고, 다른 한편으로 인도 사회는 현재 우리 유럽 사회의 상태와 유사한 단계를 다음에 거칠 것이며, 호주의 원주민 사회도 필연적으로 인도 사회와 유사한 단계를 그리고 이어서 현재 우리 유럽 사회와 유사한 단계를 거치리라는 것입니다.

저는 여기서 이런 생각이 근거가 빈약하다는 것을 보여드리고자 합니다. 왜냐하면 그것은 민족지학의 발전을 저해하고, 인간에 대한 인식을 타락시키며, 민족지학의 혁명적 역량을 무력화하는 생각이기 때문입니다.

근거가 빈약하다고 말씀드리는 이유는 무엇보다 인간의 일이라는 것이 보기보다 훨씬 더 복잡하기 때문입니다. 지구 여기저기에 흩어져 사는 수천수만의 인간 유형에 조금만 관심을 가지고 살펴보면 우리는 이내 그토록 많은 복잡한 인종들을 단계별로 파악한다는 것이 얼마나 어려운지를 알 수 있습니다. 지금까지 많은 방법이 시도되었습니다. 먼저 인간이 만들어 사용한 물건이나 연장을 기준으로 구석기 시대, 신석기 시대, 동기 시대(銅器時代),[3] 청동기 시대, 철기 시대로 나눠보았습니다. 그리고 이 원칙에 따라 인간 사회의 발전을 순서대로 정리해보았습니다. 하지만 이런 연대기 방식은 아프리카 대륙 전체가 석기 시대에서 철기 시대로 바로 넘어갔고, 동기 시대와 청동기 시대는 무시할 만큼 예외적인 경우를 빼고는 존재하지도 않았다는 사실이 밝혀지자마자 완전히 무너지고 말았습니다. 지구상의 모든 사회에 적용할 수 있는 진화의 법칙은 아니었던 것입니다.

다른 방법을 시도해보기도 했습니다. 인류의 역사를 산업 양식에 따라 수렵 시대, 농업 시대, 목축 시대, 공업 시대로 나눠보았습니다. 이런 연대기 방식은 이전보다 조금 더 미묘하고 복잡한 것이었습니다. 하지만 여행자들의 막연한 견문기를 토대로 추론하지 않고 원시 그대로 살고 있는 종족들의 실생활을 연구하기 시작하자 수렵인, 농업인, 목축인 등의 어휘는 의미가 없다는 걸 알았습니다. 좀 더 정확하게 말하자면 실상 너무 함의가 많은 말들이어서 그것으로는 범주화할 수 없다는 걸 알았습니다.

---

3 구리로 무기나 장신구 따위의 물건을 만들어 쓰던 시대. 석기 시대와 청동기 시대의 사이로, 금석 병용기라 하기도 한다.

사냥을 예로 들어 설명해보겠습니다. 이론적으로 이 말은 매우 간단한 사실을 가리킵니다. 그러나 사냥하는 데에는 여러 가지 방법이 있습니다. 원시적인 도구를 가지고 작은 동물을 사냥하는 데 만족하는 종족들이 있습니다. 그들은 투척용 막대기나 돌을 가지고 숲에서 작은 새나 설치류 또는 곤충들을 잡아 먹을거리로 삼았습니다. 그들이 말하는 사냥이란 그런 것이었습니다.

그러나 이런 사냥은 아프리카의 몇몇 사회에서 행해지는 고도로 복잡한 사냥과는 아무런 공통점이 없습니다. 그 사회에서는 원거리용 화살로 무장한 남자들이 무리 지어 사냥을 합니다. 그들은 함께 코끼리나 사자[4]* 같은 큰 사냥감을 유인하고, 포위망을 조여 한쪽으로 몰아서 마침내 때려눕힙니다. 그들의 사냥은 대단히 어려운 작업이라고 할 수 있습니다.

구조나 조직 면에서 완전히 다른 두 사회에서 사냥이라는 개념이 동일하게 사용되지 않았음은 분명합니다. 첫 번째 사회에서 그 조직은 매우 엉성합니다. 각자 자기가 먹을 것이나 가족에게 먹일 것을 찾아 직접 사냥에 나섭니

4* 레비스트로스의 강연 속기록에서는 '호랑이'로 나온다. 편집자가 문맥에 맞게 수정했다.

다. 무리 지어 살면서 코끼리나 들소 같은 큰 짐승을 사냥하는 두 번째 사회의 경우에는 매우 견고한 사회 조직이 필요합니다. 부족 모두가 힘을 합치지 않고서는 사냥에 성공할 수 없기 때문입니다. 어떤 사회가 수렵 사회라고 이야기하는 것은 아무 말도 안 하느니만 못하거나 아무렇게나 이야기하는 것과 같습니다.

농업을 예로 들어봐도 마찬가지입니다. 부족의 여자들이 숲에서 뿌리채소를 뽑아 오두막집 근처에 땅을 파서 다시 그것을 심는 일이 중심인 농업이 있습니다. 이렇게 하는 이유는 뿌리채소를 찾기 위해 멀리까지 나갈 필요 없이 손닿는 곳에 확보해두고 먹고살기 위함입니다. 다른 방식의 농업도 있습니다. 동물이 쟁기를 끌게 해서 농사를 짓는 것인데, 이런 농업에서는 결과적으로 동물을 가축으로 만들기 위해 목축을 병행합니다. 여기서 동물은 농사에 맞게 길들여야 하는 것이지 야생 상태로 두어서는 안 되는 것입니다. 이런 사람들을 모두 농경 부족이라고 일컫는 것 또한 아무 말도 안 하느니만 못합니다. 사실 오로지 수렵인, 농경인, 목축인이기만 한 부족은 없습니다.

우리는 지금까지 농업을 농업1, 농업2, 농업3으로, 그리고 수렵을 수렵1, 수렵2, 수렵3으로 세분해서 말했습니다. 그러나 이런 세분화는 이 일이 보기보다 얼마나 복잡한지를 나타내줍니다. 만약 인간이 우선 수렵인이었다가 뒤이어 농경인이 되었다면 그는 수렵 1에서 농업 1의 단계로 옮겨간다는 것이고, 다시 농업 1은 완전히 다른 형태의 농업을 위해 자리를 내준다는 것입니다.

그러나 이것은 그렇게 간단하게 정리할 수 있는 문제가 아닙니다. 원시 그대로의 사회에서 남자와 여자는 서로 하는 일이 다릅니다. 경제 활동에서도 완전히 서로 다른 일을 합니다. 남자가 사냥에 종사하고 여자가 농사를 책임지는 사회도 있고, 그 반대의 사회도 있습니다. 이 경우 사냥과 농사는 같은 기준으로 평가될 수 없으며, 민족지학자의 조사 목록에서도 동일한 번호를 부여받지 않습니다. 결과적으로 사실이나 현상에서 소소하거나 현격한 차이가 계속 드러나기 때문에 사회와 사회를 딱 부러지게 구분하기는 불가능하다고 할 수 있습니다. 혼란이 초래될 게 뻔한데 이를 무시할 수 없는 노릇입니다. 어떤 사회가 실현하고 있는 삶의 양태가 이웃한 다른 사회에서는 실현되지 않을 수 있습니다. 수렵에서 목축으로 곧장 옮겨가는 사회가 있는가 하면, 목축을 건너뛰고 농업으로 옮겨가는 사회도 있습니다. 따라서 이 경우에는 단선적 진화론을 적용할 방법이 없습니다.

그러나 지금까지 제가 단선적 진화론에 대해 제기한 반론의 근거가 결정적인 것은 아닙니다. 결정적 반론의 근거는 시간과 공간에 대한 고찰에서 나옵니다.

진화를 생각할 때 우리는 인간의 진화를 마음속에 그립니다. 젖먹이 아이였다가 어린이가 되고 청소년이 되고 어른으로 성숙해가는 모습을 상상하게 되지요. 우리는 인간의 진화를 태아가 성인으로 또는 씨앗이 식물로 점진적으로 변화하는 과정으로 상상합니다.

그러나 실상 그렇게 변화하는 사물은 없습니다. 인간 사회도 마찬가지입니다. 이 짧은 강연에서 너무 전문적인 개념을 많이 소개하고 싶지는 않지만, 여러분 모두 선사시대를 연구하는 학자들이 석기 제작술을 논할 때 몇 가지 형태로 그것을 구분하고 그 각각에 처음 발견된 장소의 이름을 붙인다는 것쯤은 아실 듯합니다. 인간 기술에 대한 우리의 가장 오래된 증거는, 파리 근교 센에마른주에 있는 작은 마을의 이름을 딴 이른바 '셸리앙'(Chellean/Chellian) 석기 제작술로 알려져 있습니다. 이 석기 제작술은 매우 조잡했습니다. 부싯돌을 하나 골라 끝이 뾰족하고 타원형이 될 때까지 거칠게 다듬은 다음 이걸로 뭔가를 내려치거나 찔을 때 사용했습니다. 흔히 '주먹도끼'라고 불렀는데 그 이유는 손잡이가 없어 주먹으로 꽉 쥐고 사용했기 때문입니다.[5*]

부싯돌 덩어리를 날카로운 모서리가 생길 때까지 거칠게나마 다듬는 것은 보통 일이 아닙니다. 그리고 끝이 뾰족한 달걀 모양을 만드는 것은 우리가 고안해낼 수 있는 가장 단순한 물건일 겁니다. 하지만 저는 여기서 선사시대를 연구하는 학자들이 인류 진화의 최소한의 기간으로 추정하는 12만 5,000년 가운데 약 10만 년 동안이나 셸리앙석기 제작술이 지속되었다는 사실에 주목하고 싶습니다. 다시 말하면 최소한 12만 5,000년에 걸쳐 인류가 발달하는 동안 인류는 10만 년 동안 동일한 유형의 도구를 반복해서 사용했습니다. 시간상으로뿐만 아니라 공간상으로도 동일한 유형의 도구를 반복해서 사용했습니다. 프랑스에서 발견된 셸리앙 석기 제작술로 만든 물건들이 아프리카와 러시아 전역에서 발견되는 물건들과 매우 흡사하기 때

[5*] 주먹도끼문화(Hand-axe culture)는 중기 홍적세(洪績世, Pleistocene) 아프리카와 유라시아의 넓은 지역에 분포했다. 아슐리안문화는 이 주먹도끼문화를 대표한다. 이 석기문화는 프랑스의 성 아슐(St. Acheul)에서 다량의 주먹도끼가 발견되면서 붙여진 이름이다.

문입니다. 10만 년 동안 인류는 엄청나게 단순하고 조잡한 유형의 기술을 반복해왔던 것입니다.

그러다가 다른 기술이 등장하게 됩니다. 예를 들면, 원석의 덩어리가 아니라 깨져서 떨어져 나온 날카로운 조각을 이용하면 훨씬 더 다루기 쉬운 도구를 얻을 수 있다는 사실을 깨달았습니다. 이렇게 만들어진 석기는 자를 수 있는 칼과 같아서 주먹도끼보다 더 많은 것을 할 수 있었습니다.

이런 기술 또는 여기서 파생된 기술들은 인류가 금속 (métal)을 발견할 때까지 계속 반복되었습니다. 금속을 동력으로 하던 시대는 증기와 전기를 발견할 때까지 3,000년 또는 4,000년 동안 계속되었습니다. 증기와 전기 덕분에 인류는 그 이전의 인류가 10만 년 동안 이뤄낸 것보다 더 훌륭한 것을 300년 만에 비약적으로 이뤄냈습니다.

그러므로 인류를 태어나서 질서 정연하게 성인으로 발전하는 아이로 간주하거나 싹이 터서 생장하여 나무가 되는 씨앗으로 간주하는 것은 잘못된 생각입니다. 오히려 인류는 80세의 노인과 비슷합니다. 70세까지 알파벳도 모른 채 어린아이처럼 살다가 70세에서 75세까지 초등학교 교육을 받고 75세에서 80세까지 중등교육과 고등교육을 받는 그런 노인 말입니다.

일정한 질서나 규칙에 따라 지속적으로 진화하는 것 같은 건 없습니다. 인류의 발전은 처음에는 꼼짝하지 않고 무기력하게 있다가 예외적인 자극을 받은 후에야 움직임을 보이고, 자신의 상태에 변화를 주는 방식으로 이루어졌습니다.

문제는 왜 인류가 10만 년 동안 투박하기 짝이 없는 그런 유형의 도구에 만족하다가 뒤이어 그보다 더 완벽한 도구를 필요로 했는가입니다.

민족지학자는 이런 문제들 가운데 많은 요인과 쟁점을 내포하는 다음과 같은 문제에서 답을 찾으려 애쓰고 있습니다.

만약 인류가 자연적 흐름에 따라 자발적으로 진화하는 경향이 있다면 인간의 사회적 제도나 기술적 성과는 매우 전형적이었을 것입니다. 왜냐하면 어떤 인간 집단이라도 자신들에게 필요한 사회적 형태를 스스로 발현시킬 것이기 때문입니다. 세계 지도를 펼쳐놓고 인간이 만들어낸 기술적 성과가 어떻게 분포하는지 살펴보면서 우리는 그것들이 확률론에 따라 골고루 분포되었으리라 생각합니다. 하지만 실상은 그렇지 않습니다. 인간이 만든 기술적 성과나 사회적 제도는 지구상에 일정하게 분포되어 있지 않습니다. 어떤 곳에서는 지속적으로 계속 나타나는데 다른 곳에서는 흔적도 없는 경우가 있습니다. 예를 들면 어떤 형태의 가족 구조가 어떤 지역 주변에 흩어져 나타나는가 하면 바로 옆 지역에서는 전혀 나타나지 않는 경우를 말할 수 있습니다. 우리 문화권에서처럼 주머니에 주입된 공기를 이용하는 것이 아니라 대나무 통으로 만든 피스톤을 이용하는 방식의 풀무 같은 것은 폴리네시아에서 마다가스카르에 이르는 태평양 전역에 골고루 나타납니다. 반면 폴리네시아 동쪽, 마다가스카르 북쪽이나 서쪽에서는 그런 기술이 존재하지 않습니다. 바로 이웃한 지역인데도 풀무가 흔적도 없이 사라져버린 것이지요.

이는 인문과학의 모든 산물, 모든 철학이나 종교적 믿음, 모든 기술적 창조물, 그리고 특정 가족 구조나 특정 형태의 법률과 같은 모든 사회적 제도도 마찬가지입니다. 어떤 곳에서는 지역 전체나 대부분의 권역에서 나타나는데 인접한 다른 지역에서는 아예 나타나지 않습니다.

따라서 우리는 특이한 현상에 직면해 있는 셈입니다. 그리고 바로 이런 현상을 민족지학은 연구하는 것이지요.

자, 지금부터는 민족지학이 연구하는 고유한 대상에 대

해 말씀드리겠습니다. 길게 말씀드리면 피곤해하실 테니 몇 마디 말로 간단하게 정의해보고자 합니다.

영국의 인류학자인 타일러[6]는 약 60년 전에 "민족지학자의 임무는 문화를 연구하는 데 있다"라는 고전적인 정의를 내렸습니다. 그리고 문화란 하나의 인간 사회가 보유하고 있고 그 사회를 특징짓는 전통과 풍습, 기술, 표상, 사상 등을 포함하는 복합적 총체라고 말했습니다.

겉보기에는 대단히 모호한 정의라고 생각되겠지만, 문화에 대한 이 정의는 실제로 굉장히 중요한 의미를 지닙니다.

현대 프랑스 사회의 문화란 무엇인가? 이 질문에 대해 여러분은 민주주의라든지, 담배를 말아 피우는 습관이라든지, 의회 제도라든지, 영화관에 가는 습관이라든지 그런 등등을 말하실 겁니다. 또는 특정 종교가 우세하다든지,

---

6 타일러(Edward Burnett Tylor, 1832~1917)는 영국 인류학의 창시자로 간주된다. 타일러는 옥스퍼드대학교 최초의 인류학 교수였고, 인류학 조직과 연구소를 만드는 데 적극적이었다. 타일러의 핵심적인 공로는 문화에 대한 정의에 있다. "문화 또는 문명이란, 넓은 민족지적 의미에서 보았을 때 지식·신앙·예술·도덕·법·관습 및 사회의 성원인 인간에 의해 획득된 모든 능력과 습관들을 포함하는 복합적 총체이다." 제리 무어, 『인류학의 거장들』, 한길사, 2002, 37쪽에서 인용.

프랑스인이 믿는 종교들은 모두 일신교라든지 하는 사실을 예로 드는 분들도 계실 겁니다. 아니면 파리의 거리에서 생활 쓰레기를 수거하는 특이한 방법이라고 하시는 분도 계시겠지요. 이처럼 철학적·종교적 사상, 기술적 방법, 관습 등을 포함하는 대단히 광범위한 총체, 바로 이 모든 것이 문화를 이룹니다.

그렇다면 왜 이 모든 것을 하나로 통합해 생각해야 합니까? 이 모든 현상, 인간 사회의 그 모든 삶의 표현에는 제가 간략히 정의하고 싶은 어떤 특정한 행동 양식이 있기 때문입니다.

어떤 문화가 특정한 지리적 영역을 차지하고 특정한 구역 내에 연속적으로 분포하면 이른바 '문화영역'(terrain culturel)[7]이라는 특징이 생겨납니다. 일반적으로 이런 특정한 구역을 원형으로 나타내는데, 이는 특별히 인간의 방해나 지리적 장애가 없다면 문화영역은 일정하게 발전한다는 것을 의미합니다.

물론 실제로는 결코 원형이 아닙니다. 문화권이란 훨씬 더 복잡한 형태를 띱니다. 예를 들면 에스키모의 경우, 어

---

7 어떤 문화의 특징적 요소가 서로 관련을 맺으면서 분포하는 지리적 영역을 말한다. 문화 중심과 문화 주변이 있다.

떤 문화영역이 북극 지방의 남쪽이나 아메리카 대륙의 북쪽에서 두 개의 띠 모양으로 길게 분포되어 나타납니다. 그러나 우리는 문화영역이 두 가지 위치, 즉 중심 위치와 주변 위치를 가질 수 있는 원형의 구역을 생각해볼 수 있습니다. 그리고 그것이 어느 위치를 차지하느냐에 따라 전혀 다른 특성을 가지게 됩니다. 중심 위치에서는 문화영역이 매우 풍부하고 복합적이며, 많은 발전이나 장식을 수반합니다. 그러나 주변 위치에서는 문화영역이 빈곤하고 쇠약하며, 때로는 겨우 흔적만 남아 있습니다.

이런 현상을 설명해주는 아주 놀라운 예들이 있습니다. 너무나 놀라운 예들이어서 지어냈다고 생각할 정도입니다.

그중 하나를 말씀드리겠습니다. 미국의 민족지학자들은 문화영역의 발전을 연구하면서, 특히 미국 남부에서 요업의 발전에 주목했습니다. 그들은 다섯 가지 색깔의 도자기가 있는 중심 권역 A, 네 가지 색깔의 도자기가 있는 권역 B, 세 가지 색깔의 도자기가 있는 권역 C를 발견했고, 그런 식으로 도자기의 흔적이 더 이상 보이지 않는 권역이 나올 때까지 계속 발견해나갔습니다.

마찬가지로 미국의 민족지학자들은 뉴욕 지방에서 작

은 돌 공예 장식의 분포를 연구했는데, 그 장식들은 서로 매우 다른 형태를 띠었습니다. 그들은 우선 다양한 형태의 장식이 발견된 지역을 조사했습니다. 그리고 또다시 유사한 장식들도 발견했습니다. 즉, 다섯 가지 유형의 장식이 있는 권역, 네 가지 유형의 장식이 있는 권역, 세 가지 유형의 장식이 있는 권역을 발견했고, 그런 식으로 장식이 더 이상 없는 권역이 나올 때까지 계속 발견해나갔습니다.

조사한 내용을 대략 살펴보았을 때 다음과 같은 사실을 추론할 수 있었습니다. 장식이 가장 다양했던 권역은 그 장식이 기원한 권역입니다. 예를 들어 첫 번째 유형이 처음 만들어졌는데, 그것이 네모꼴 장식이라고 해봅시다. 이곳에서 생겨난 네모꼴 장식은 수세기에 걸쳐 이웃 민족에 의해 차용되고 그렇게 모든 방향으로 전파되었습니다. 몇 세기가 지난 뒤, 이 중심지에서 이번에는 둥근꼴 장식이 만들어졌고 같은 경로를 따라 전파되었습니다. 다시 몇 세기가 지난 뒤, 세모꼴 장식이 만들어졌습니다. 그리고 이런 과정이 계속되었습니다. 백인이 아메리카 대륙을 발견했을 때, 말하자면 가장 오래된 최초의 그 작은 돌 공예 장식은 만들어진 곳에서 가장 먼 거리를 이동했을 것입니다.

나중에 만들어진 장식은 그보다는 더 짧은 거리를 이동했을 것이고요. 이런 식으로 마지막 장식이 그 만들어진 권역을 벗어나지 못할 때까지 이전 장식들의 이동은 계속되었던 것입니다.

제가 지금까지 말씀드린 것은 하나의 가설입니다. 그러나 이 가설은 다섯 색깔 도자기의 중심지였던 미국 남부 지방에서 켜켜이 다섯 개로 쌓인 지층에서 다양한 도자기들이 발굴되면서 증명되었습니다. 가장 깊숙한 지층에서 발견된 것은 한 가지 색깔의 도자기였습니다. 가장 멀리 떨어진 권역에서 발견된 것과 동일했습니다. 그다음 다른 지층에서는 다른 종류의 색깔 도자기들이 발견되었습니다. 결과적으로 우리의 가설이 증명된 것입니다. 다시 설명을 드리자면, 중심 권역에서 발견된 다섯 가지 색깔 도자기는 가장 최근에 만들어진 것이었습니다. 전파될 시간이 없었던 도자기이지요. 나머지 도자기들은 처음 만들어진 곳에서 멀리 떨어져 발견된 것으로 훨씬 더 오래된 것들이었습니다.

이것이 의미하는 바는 다음과 같습니다. 만약 인간 문화의 현상을 이해하고 싶다면 인류가 그런 현상들을 자연적으로 만들어냈다거나 나무로 성장하기 위한 모든 에너지를 품고 있는 씨앗처럼 그런 현상들을 이미 품고 있는 것으로 간주해서는 절대 안 된다는 사실입니다. 그보다 문화현상이란 주변의 것들을 차용하는 바대로 발전한다고 여겨야 할 것입니다. 어떤 한 지역의 종족이 도자기를 소유하고 있다면 그것은 그들이 이웃에 살고 있는 종족에게서 끌어온 것입니다. 이웃에 살고 있는 종족도 마찬가지의 방식으로 도자기를 끌어왔을 것입니다. 네모꼴이나 둥근꼴 또는 세모꼴 장식도 마찬가지입니다. 처음에 만들어진 곳으로부터 일련의 매개자를 통해 주변으로 전해졌을 것입니다.

자, 이제 여러분은 지구상 대부분 지역에서 나타나는 사회적 제도나 기술적 성과 같은 인간의 어떤 문화 현상이 인접한 다른 지역에서는 전혀 나타나지 않는 이유를 이해하셨을 것입니다. 다른 민족에게서 차용해 사회적 제도나 기술적 성과를 이룬 민족이 있는가 하면, 조금 멀리 떨어져 살고 있으면서 주변과 교류가 없는 민족에게서는 이와 같은 사회적 제도나 기술적 성과의 흔적을 전혀 찾아볼 수 없는 경우가 있습니다. 그들이 매우 원시적인 수준에 머물러 있어서가 아니라 그들이 특별한 문화영역을 이룬 어떤 민족에게서 차용하거나 차용받는 위치에 있지 않아서라고 이해해야 할 것입니다. 여기서 더 길게 논의하기는 어려울 듯하니 이제 이쯤 하고 조금 전에 언급한 내용이 미칠 결과에 대해 말씀드리고 마무리하겠습니다.

제가 해석한 문화영역의 발전 방식은 어떤 결과를 초래할 수 있을까요? 우리는 무엇보다 이 방식을 통해 수천 년에 걸쳐 인간의 역사가 어떻게 지속되었는지를 밝힐 수 있게 됩니다. 우리가 원시 그대로의 사회와 마주할 때 그들의 물건, 세부 기술, 신앙 등 모든 것은 그들을 이해할 수 있게 하는 다양한 수단이 됩니다. 그것들은 우리로 하여금 발전 정도에 따라 선도자 또는 차용자 역할을 하는 인접 민족들과 이 원시 사회를 연결 지어 이해할 수 있게 합니다.

최근까지 우리는 인류의 모습을 전적으로 서구의 거대 사회를 통해서만 인식해왔습니다. 아프리카나 아시아, 또는 아메리카에 대해서 사실 우리는 아무것도 모릅니다. 탐구할 방법이 없어서이기도 하고, 그들이 우리의 영향력에서 벗어나 있기 때문이기도 할 것입니다. 민족지학은 정확하게 이런 종류의 문제를 해결하기 위한 방책을 수립하는 학문입니다. 어마어마하게 많은 이 사람들, 역사에서 완전히 배제되었던 이 엄청난 몫의 인류를 역사로 다시 통합할 수 있는 그런 방책 말입니다. 그리하여 민족지학은 인간에 대한 이해를 완성할 수 있을 것입니다.

자, 이제 여러분께서는 제가 어떤 의미에서 민족지학을 혁명적인 학문이라고 했는지 아셨을 겁니다. 우선 민족지학은 인간에 대한 이해를 돕는다는 점에서 혁명적입니다. 또한 사회 제도의 비판과 원시 민족의 이해를 오래전부터 긴밀하게 연관 짓게 한 신앙이나 관습이나 전통이 얼마나 다양한지를 보여주었다는 점에서 혁명적입니다. 끝으로 우리에게 매우 중요한 교훈을 가져다준다는 점에서 혁명적입니다. 인류가 본래부터 지니고 있는 무기력함은 오로지 차용과 접촉으로 극복될 수 있으며, 그로 인한 민족들 간의 접촉이 빈번할 때 비로소 인류의 사회적 진보가 유지되고 발전할 수 있다는 것입니다.

수백 년 전, 중앙아메리카[8*]의 고원 지역에는 멕시코 문명이 매우 발전해 있었습니다. 이 문명은 경이로운 사물이나 현상을 만들어낼 줄 알았고, 건축물을 세우거나 엄청나게 복잡한 사회 조직을 유지할 줄 알았습니다. 하지만 그것은 몇 명에 불과한 협잡꾼들이 스페인에서 몰려오자 한순간에 붕괴하고 말았습니다. 왜 그렇게 되었을까요? 다른

[8*] 레비스트로스의 강연 속기록에서는 '아프리카'로 나온다. 편집자가 문맥에 맞게 수정했다.

민족들과 교류 없이 고립되어 있었기 때문입니다. 수많은 나라들과 교류한 사회의 대표자들이 몰려오자 멕시코 문명은 주변 나라의 도움을 전혀 받지 못하고 완전히 멸망하고 말았던 것입니다.

미개 민족에 대한 연구는 우리에게 다음과 같은 사실을 일러줍니다. 즉 그것은 인류가 처한 본질적인 위기를 보여줍니다. 그리고 고립되어 독립적으로 만든 창조물은 사람과 사람 사이에서 교환될 때만 움직이고 발전하고 변화할 수 있다는 사실을, 또 방치된 사회는 진보하려는 그 타고난 성향이 없다는 것을, 그래서 그런 사회를 조금이라도 흔들어 깨우기 위해서는 서로 다른 나라 간의 접촉으로 대표되는 크고 작은 수많은 자극이 필요하다는 사실을 보여줍니다. 이런 점에서 민족지학은 사례를 찾기 위해 더 멀리 여행할수록 우리에게 더욱 풍부한 교훈을 가져다줍니다.

민족지학은 매우 작고 특별한 사회가 지니는, 어떤 특이한 현상을 연구하는 학문입니다. 하지만 민족지학이 아주 단순한 사회들을 연구하면서 찾아낸 그런 특이한 현상은 본질적으로 인류의 특징을 보여줍니다. 그리고 인류 문화의 상이한 모든 중심지가 서로 접촉하는 한에서만 인간과 사회가 진보할 수 있다는 것을, 고립을 선택한 사회는 무기력하고 접촉을 선택한 사회만이 발전할 수 있다는 것을 보여줍니다.

제 나름으로 확신하건대, 앞으로 몇 년 안에 민족지학의 연구는 위와 같은 결론에 도달할 것입니다. 오늘 저녁 바로 이 점에 대하여 여러분께서 주의를 기울여주시기를 부탁드립니다. [박수]9*

9* 강연 속기록 원고 끄트머리에는 다음과 같은 내용이 명시되어 있다. "속기록 담당 O. SALAFA. 파리 볼테르(Voltaire) 대로 2번지."

다시 몽테뉴로 돌아가다[1]*

강연 녹취록은 따로 제목이 붙어 있지 않다. 다만 "몽테뉴의 『수상
록』(*Les Essais*) 제1권 31장 「식인종에 대하여」를 주제로 한 레비스
트로스의 강연"이라고만 적혀 있다. 녹취록 원고에는 손으로 "강연
자의 허락을 받지 않고 녹음한 것임, 수정을 거치치 않은 원고임"
이라고 가로로 쓰여 있다.

편집자 노트

이번 강연에 대해 모니크 레비스트로스 부인에게 문의했을 때, 이는 남편이 살아생전에 했던 마지막 강연 가운데 하나로, 1992년에 있었던 것이라고 확인해주었다. 그녀가 보관하고 있는 레비스트로스의 수첩에 "도니제르 CP 강연"(1992년 4월 9일 목요일 17시)이라고 쓰여 있는데, 그것이 이 강연에 해당한다고 했다. 부인은 그 강연장에 함께 갔고, 그곳이 파리의과대학 안에 있던 것으로 기억했다. 여러 사람들의 이야기를 종합해볼 때 레비스트로스의 강연은 프로테스탄트 윤리위원회를 대상으로 한 듯 보인다.

강연에서 레비스트로스는 몽테뉴의 『수상록』과 장 드 레리의 『브라질 영토 여행기』 일부를 길게 인용한다. 그가 이용한 『수상록』 판본은 지금은 아셰트 출판사의 '리브르 드 포슈'(Livre de poche)에서 보급형 문고판으로 재출간되고 있으며 우리는 장 세아르(Jean Céard)가 책임편집한 2001년 판을 참조했다. 장 드 레리의 글은 1880년 폴 가파렐(Paul Gaffarel) 출판사에서 현대 프랑스어로 새롭게 고친 판본에서 인용했다. 우리는 이 두 가지 판본을 참조해 강연 녹취록에서 간혹 누락된 부분을 복원했다.

강연 녹취록은 손상된 부분이 꽤 많아서 필요한 경우 철자법을 바로잡고, 틀린 글자를 수정하거나 빠진 글자(본문에 각괄호로 표시했다)를 추가했다. 또한 레비스트로스의 의도가 잘 드러나게 제한적으로 우리의 의견을 제시하기도 했다. 끝으로 본문 아래의 각주나 강연 제목은 편집자가 붙인 것이다.

엠마뉘엘 데보

* * *

[앞부분 누락] 다시 말해 몽테뉴의 『수상록』 제1권 31장 「식인종에 대하여」를 다룰 것입니다.

여러분께서 허락하신다면 바로 이 글에 대해 함께 숙고해볼까 합니다. 아울러 토론할 시간도 가질 수 있기를 희망합니다.

이 글, 아니 「식인종에 대하여」라는 장(章)은 이 주제를 다룬 3부작 가운데 하나입니다. [균형을 이루는] 또 다른 글은 나중에 쓰여진 제3권 6장 「마차들에 대하여」입니다. 아시다시피 몽테뉴의 『수상록』 첫 두 권은 1580년에 초판본이 간행되었고, 세 번째 권은 몽테뉴가 살아 있던 1588년과 죽은 뒤인 1595년에 간행되었습니다.[2]

「마차들에 대하여」라는 제목의 제3권 6장 속 이 글은 우리가 논의할 「식인종에 대하여」와 정확히 대(對)를 이룬다고 말씀드릴 수 있을 것 같습니다. 그 이유는 「식인종에 대하여」가 [단어 누락] 인디언들, 즉 열대림에 살고 있는

---

2 몽테뉴의 『수상록』은 여러 판본이 있다. 처음 출간된 것은 1580년에 보르도의 현지 출판업자인 시몽 밀랑주(Simon Millanges)가 간행한 것으로, 총 2권으로 구성되었다. 두 번째 판본은 1588년 파리의 서적상 아벨 랑줄리에(Abel Langelier)가 운영하던 인쇄소에서 총 3권으로 출간되었는데, 초판에 제3권이 덧붙여지고, 제1권과 제2권에 641개의 추가 구문과 543개의 인용문이 새로 추가되었다. 세 번째는 몽테뉴가 1588년 텍스트를 세세하게 깁고 수정한 일명 '보르도본'(Exemplaire de Bordeaux)이다. 이 판본은 몽테뉴가 세상을 떠날 때 책상에 제본되지 않은 상태로 남긴 개인 소장본으로 1789년 프랑스 대혁명 이후 보르도 시립도서관에 소장되어 있었다. 1906년 포르튀나 스트롭스키, 프랑수아 제블랭, 피에르 빌레가 이 '보르도본'에 근거하여 비평판을 출간했다. 끝으로 몽테뉴의 '수양딸' 마리 드 구르네(Marie de Gournay, 1565~1645)가 몽테뉴가 남긴 보르도본의 사본과 기타 '사본'이라고 불리는 자료를 수정하고 재검토하여 다시 제작한 1595년 판본이 있다. 레비스트로스가 강연에서 참고한 것은 1595년 판본을 토대로 현대 프랑스어로 새롭게 고친 보급형 문고판이다.

인디언의 하위문화를 다루고 있다면, 「마차들에 대하여」
는 멕시코와 페루의 주류문화를 주로 다루고 있기 때문입
니다. 이 두 편의 글은 보다 더 철학적이고 도덕적인 성찰
을 담고 있는 세 번째 글을 도드라지게 합니다. 세 번째는
제1권 22장의 「습관에 대하여, 그리고 공인된 법칙을 쉽게
변경하지 못하는 것에 대하여」라는 글인데, 어떤 면에서는
몽테뉴의 민족학적 사상이 아닌, 정치적 사상을 제시하는
글이라 할 수 있을 것 같습니다.

강연의 서두에서 저는 이 세 편의 글 사이를 왔다 갔다
할 것입니다. 좀 더 구체적으로 말하자면 '습관'을 다룬 장
이 중심이 될 것이고 「식인종에 대하여」와 「마차들에 대하
여」가 좌우 기둥이 될 것입니다.

「식인종에 대하여」는 『수상록』의 많은 장들처럼 대조
형식으로 구성되어 있습니다. 고대의 텍스트나 예화들, 그
리고 몽테뉴의 개인 경험을 담은 최신의 자료들이 서로 오
고 가고 하는 것이지요.

몽테뉴는 그리스나 로마 시대의 인용구들을 자기 논거
의 출발점으로 삼고 있습니다. 그 인용구들의 공통 주제는
'야만'이었는데, 그리스 군대는 적과의 대치 상황에서 그
리스적이지 않은 모든 것에 대하여 '야만'이라고 불렀고,

로마 군대도 마찬가지였다는 것입니다. 그러나 그들은 적의 군대가 전투에서 질서 정연하게 움직이는 모습을 보고, 마침내 "내가 보는 이 군대의 배치는 결코 야만적이지 않다"라고 말했다고 합니다.

이 점에 대해 몽테뉴는 곧장 두 번째 단락으로 넘어가서 최근의 사태에 대한 자신의 생각을 밝힙니다. 허락해 주신다면 몽테뉴의 글을 조금 읽어보겠습니다. "나는 우리 세기에 발견된, 빌가뇽[3]이 상륙하여 '남극 프랑스령'이라고 이름 붙인 저 다른 세계에서 10년인지 12년인지 살았던 한 남자를 오랫동안 데리고 있었다. 이 거대한 지역의 발견은 중대한 일이라고 생각한다. 나는 미래에 이런 거대한 땅이 또 발견되지 않으리라고 단언할 수 있을지 모르겠다. 우리보다 훌륭한, 그토록 많은 사람들도 이 점에 대해서는 과오를 저질렀기 때문이다. 나는 우리가 배[腹]보다

---

3 빌가뇽(Nicolas Durand de Villegagnon, 1510~71)은 프랑스의 군인이자 탐험가로 1555년에 600명을 이끌고 남아메리카 동해안에 식민지를 건설하기 위해 항해를 떠났다. 그는 브라질 리우데자네이루의 구아나바라만에 도착해 콜리니섬과 앙리빌이라는 마을을 세우고, 그곳을 '남극 프랑스령'이라고 명명하고 직접 총독으로 취임했다. 그러나 칼뱅이 스위스에서 보낸 사람들과 종교 분쟁이 생기고, 포르투갈인들이 침략하자 빌가뇽은 1559년 말 그 땅을 포기하고 1560년 2월에 귀국했다.

큰 눈을 가지지나 않을까, 능력 이상의 호기심을 가지지나 않을까 염려된다. 우리는 무엇이든 손에 넣으려 하지만 정작 잡히는 것은 바람뿐이다."

여기서 우리는 하나의 사례에 대해 매우 구체적으로 검토해야 할 의무를 느낍니다.

빌가뇽은 바로 1555년에 콜리니(Coligny) 제독과 국왕의 축복을 받고 신대륙으로 떠나 브라질에 프랑스령 식민지를 개척했던 인물입니다. 하지만 그는 그곳에서 좌절을 경험합니다.

우리는 몽테뉴의 「식인종에 대하여」가 정확히 언제 쓰여졌는지 알지 못합니다. 다만 『수상록』의 첫 두 권이 대략 1571년과 1580년 사이에 작성된 것은 알고 있습니다. 따라서 몽테뉴가 "저 다른 세계에서 10년인지 12년인지 살았던 한 남자를 오랫동안 데리고 있었다"라고 할 때 그 남자는 빌가뇽과 함께 1555년에 신대륙을 향해 출발했던 남자가 아니라 이미 그곳에 살고 있던 남자였을 가능성이 매우 높습니다. 우리가 알기로는 사실상 프랑스가 처음으로 브라질 땅에 발을 디딘 이후, 즉 1504년 비노[4*]의 항해 이

4* 희망(Espoir)호의 선장 비노 폴미에 드 곤느빌(Binot Paulmier de Gonneville)을 말한다.

후, 많은 사람들 특히 노르망디 사람들이 계속해서 그곳에 머물렀습니다. 그들은 목재나 그 밖의 귀한 물건들을 노리고 브라질에 온 상선들의 통역사 노릇을 했습니다. 당시에는 간혹 젊은 인디언을 데려다 언어를 배우게 하고 나중에 그 당시 표현으로 '중개인'(truchements) 역할을 맡게 했다고도 합니다. 몽테뉴의 시중을 들었던 남자는 분명히 이런 '중개인' 가운데 한 명으로, 빌가뇽이 상륙했던 바로 그곳, 다시 말하면 리우데자네이루에 살았던 인물이었을 것입니다.

두 번째 단락의 나머지 부분이 명확하게 그 내용을 일러주지는 않지만 『수상록』 제3권 6장 「마차들에 대하여」의 관련 부분을 참조해보면 상황은 좀 더 분명해집니다. 몽테뉴는 여기에서 신대륙 발견에 대해 이렇게 언급합니다. "우리는 최근에 신대륙을 발견했다. 과연 그곳이 우리가 알지 못했던 마지막 세계라고 누가 보증할 수 있을까. 악마들도, 시빌레[5]들도, 그리고 우리들도 지금껏 이 세계

---

5   시빌레(Sibylle)는 그리스 신화를 비롯해 여러 신화에 등장하는 무녀다. 나중에는 무녀를 총칭하는 일반 개념이 되었다. 아폴론으로부터 예언력을 받았고, 황홀경의 상태에서 수수께끼 형태로 신탁을 고했다.

에 대해 몰랐다. 그곳은 우리가 사는 세계 못지않게 광대하고 풍요롭고 사람들로 가득하다."

몽테뉴의 머릿속에는 항상 다음과 같은 생각이 있었습니다. 즉, 아무튼 사람들은 최근 또 다른 세계를 발견했다. 사람들은 그곳이 마지막 세계이고 지구의 나머지 다른 절반이라고 생각한다. 그러나 우리는 그 점에 대해 아무것도 확신할 수 없다. 우리가 오랫동안 이 신세계의 존재에 대해 몰랐다는 사실을 감안하면 새로운 세계와 비교할 만한 아직 발견되지 못한 또 다른 세계가 있을 가능성도 충분하다.

[그 때문에] 우리는 이미 이 대목에서 몽테뉴가 당시 사람들의 인식이 잘못되었음을 지적하는 논거를 적잖이 발견할 수 있습니다. 몽테뉴의 생각에 따르면 이 새로운 세계는 북쪽으로는 북극에, 남쪽으로는 남극에 닿아 있는데, 그렇다면 이곳은 섬이 아니라 대륙이라는 것입니다. 아울러 남쪽과 북쪽으로 바다가 직접 영향을 미치지 않고, 당시의 믿음대로라면 동인도가 가까운 곳에 위치해 있으니 더욱 그렇다는 것입니다.

다른 각도에서 이 문제를 다시 살펴보겠습니다. 몽테뉴는 당시 몇몇 사람들이 생각했던 것처럼 이 세계가 플라톤이 언급한 아틀란티스가 아닌지, 혹은 고대의 자료들 속에 등장하는 또 다른 놀라운 세계가 아닌지도 검토합니다. 하지만 그는 사람들의 이런 의문을 검토할 가치가 없다고 판단하여 곧장 자신의 정보 제공자에게로 관심을 돌립니다.

내가 데리고 있던 남자는 단순하고 소박한 사람이었다. 이는 진실을 증언하기에 알맞은 조건이다. 왜냐하면 총명하고 민첩한 인간은 대개 호기심이 많고, 많은 것을 지적하지만 주석을 단다. 그리고 자신의 해석을 그럴듯하게 보이게 하고 사람들을 설득하기 위해 조금씩 '이야기'를 왜곡하게 마련이다. 결코 있는 그대로 말하지 않고 자신이 본 것을 토대로 조작하고 변형시켜 말한다. 그리고 자신의 판단을 신뢰하게 하여 사람들의 마음을 끌기 위해 재료에 멋대로 살을 붙여 이야기를 과장한다. 그러므로 진정 필요한 것은 기억력이 더없이 좋은 인간이거나, 너무나 단순하여 허위로 이야기를 만들거나 진실이 아닌 것을 진실인 것처럼 꾸미는 재능이 없고 자신이 본 것에 대해 어떠한 편견도 갖지 않는 인간이다. 내가 데리고 있던 남자는 그런 사람이었다. 그는 자신이 항해 중에 알게 된 몇몇 선원이나 상인들도 여러 차례 나와 만나게 해주었다. 따라서 나는 지구지(誌) 학자들[6]이 말하는 것을 듣지 않아도 내가 가진 정보로 만족할 정도였다.

자, 이제 여기서 두 가지 사실을 기억해두십시오. 우선 이 남자가 몽테뉴의 유일한 정보 제공자가 아니라는 것입니다. 몽테뉴는 이 남자를 통해서 같은 지역에 살았던 다른 많은 선원이나 상인들과도 접촉했습니다.

두 번째 사실은 즉각 파악할 수 없고 다소 가려져 있기는 하지만, 이 대목에서 몽테뉴가 당시 어느 유명한 작가를 매우 신랄하게 비판하고 있다는 것입니다. 그 작가는 성 프란체스코 수도회의 수도사 앙드레 테베(André Thevet)입니다. 그는 1555년 브라질 항해에 빌가뇽과 동행했고, 아마 1557년에 프랑스로 돌아왔을 것입니다. 귀국 직후인 1558년에 그는 『남극 프랑스령의 기이한 이야기』(*Les Singularités de la France Antarctique*)라는 책을 출간합니다. 테베는 여행 경력이 17년이나 된 노련한 여행가로 대개 프랑스 이외의 지역을 다녔습니다. 1537년에서 1554년 사이

---

6   세계의 형상에 대해 연구하던 당시의 지구 과학자들을 말한다.

에 그는 지중해 동쪽의 근동 지역과 중동 지역 전체를 돌아다녔고, 특히 성지를 순례했습니다. 게다가 빌가뇽은 그를 자신의 항해에서 부속 사제로뿐만 아니라 사료 편찬관으로 참여시켰습니다. 당시에는 '사료 편찬관' 대신 '지구지 학자'라는 용어를 사용했습니다. 실제로 테베는 1575년에『지구지학』(*Cosmographie universelle*)이라는 책을 출간했는데, 그 책에서 여러 차례 브라질을 언급합니다.

전해 내려오는 이야기에 따르면 테베는 그리 호감이 가는 인물이 아니었는데, 사물이나 상황을 왜곡하는 일도 서슴지 않았다고 합니다. 그는 여러 지식들을 모아 시시콜콜 자신의 생각을 토해낸, 말하자면 일종의 골동품상이자 독학한 학자였습니다. 테베는『남극 프랑스령의 기이한 이야기』를 출간한 직후 온갖 비판의 대상이 되었습니다. 몽테뉴는「식인종에 대하여」의 이 대목에서 테베를 정확하게 지칭하지는 않습니다. 다만 "지구지 학자들이 말하는 것을 듣지 않아도"라는 표현으로 보아 테베를 직접 겨냥했음은 분명합니다.

몽테뉴는 계속해서 다음과 같이 말합니다. 인용하겠습니다. "우리에게 필요한 것은 어쩌면 각자 자기가 가본 적 있는 지방에 대해 정확히 말해주는 지리학자일지 모른다.

하지만 지리학자는 가령 우리가 본 적이 없는 팔레스타인을 가보았다는(테베라는 사실을 확인시켜주는 대목입니다)[7*] 우월감 때문에 세계의 모든 곳에 대해 아는 척하는 특권을 누리려고 한다. 나는 사람들이 저마다 자기가 아는 것을, 다른 모든 문제에 대해서도 오로지 자기가 아는 만큼만 써주면 된다고 생각한다. 왜냐하면 지리학자는 강이나 샘에 관해서는 특별한 지식이나 경험을 갖고 있겠지만 그 밖의 다른 문제에 관해서는 일반인들과 별반 다를 바 없기 때문이다. 그러나 불행히도 지리학자는 자신의 작은 지식을 펼치기 위해 자연학(Physique) 전체를 다시 쓰려는 경향이 있다." 즉, [자신이 경험한 세계에 대해] 작은 지식을 펼치기 위해 몇 권의 두꺼운 2절판 책으로 자연학 전체를 다시 쓰려는 경향이 있다는 것입니다.

그런데 여기서 매우 흥미로운 사실 하나가 있습니다. 1571년 이후부터 1580년 이전 사이, 즉 1575년 직후, 테베와 브라질에 관한 그의 지식이나 정보에 대해 매우 격렬한 논쟁이 있었습니다. 몽테뉴가 알고 있던 그런 중개인, 상인, 선원들이 1558년에 출간된 『남극 프랑스령의 기이

[7*] 강연자가 자신의 의견을 삽입한 부분이다.

한 이야기』를 접하고 분통을 터트렸던 것 같습니다. 장 드 레리도 마찬가지 입장이었던 것 같습니다.

　[앞부분 누락] 레리는 1557년 2월에 브라질에 당도했습니다. 테베가 그곳을 떠난 시기와 거의 비슷했습니다. 레리는 브라질을 1558년에 떠났습니다. 그가 자신의 『브라질 영토 여행기』를 한참 뒤인 1578년에 출판한 이유는 수사본(手寫本)을 두 차례나 분실했고, 성 바르텔레미 축일의 학살[8]이나 상세르 포위전(레리는 이 포위전의 연대기[9*]를 편찬했습니다) 등 종교전쟁의 온갖 소용돌이에 휘말렸기 때문입니다.

　우리는 레리와 테베가 격렬하게 반목했다는 것을 알고

8　프랑스에서 1572년 성 바르텔레미 축일에 샤를 9세의 어머니인 카트린 드 메디시스를 중심으로 한 구교도들이 일으킨 신교도 학살 사건. 약 5만여 명의 사망자를 내어 위그노 전쟁이 격화했다.

9*　상세르 포위전을 다룬 『상세르의 기념비적 이야기』(*Histoire mémorable de la ville de Sancerre*)의 원제는 다음과 같다. Histoire mémorable de la ville de Sancerre. Contenant les Entreprinses, Sieges, Approches, Bateries, Assaus et autres efforts des assiegeants: les resistances, faits magnanimies, la famine extreme et delivrance notable des assiegez. Le nombre des coups de Canons par journees distinguees. Le catalogue des morts et blessez à la guerre, sont la fin du livre. Le tout fidelement recueilli sur le lieu, par Jean de Lery, Genève, s.n., 1574. [레리는 1572년 말, 상세르에 머무르고 있다가 그 도시가 겨울철에 포위되는 바람에 오도가도 못하고 발이 묶이자 시민들이 살아남기 위해서 인육을 먹는 광경을 목격한다.]

있습니다. 둘은 서로 사기꾼이라 비난했으며, 레리는 1580년『브라질 영토 여행기』제2판의 서문 전체를 노골적으로 테베를 겨냥해 썼습니다. 조금 더 살펴봅시다. 둘 사이에는 단순하게 민족지학적 논쟁만 있었던 건 아닙니다. 그들이 서로 주고받은 논거들을 보면 아주 재미있는 점을 발견할 수 있는데, 그들의 논쟁이 오늘날 동일한 분야에서 우리 동료들이 벌이는 논쟁과 완전히 닮아 있다는 것입니다. 이런 겁니다. 한쪽이 "나는 그곳에 3개월 동안 있었어"라고 하면, 다른 쪽은 "나는 그곳에 훨씬 더 오래 있었어. 나는 다시 찾아가 보기까지 했다"라고 대꾸하지요. 이런 점에서 보면 레리와 테베의 논쟁은 완전히 현대적이라 할 수 있겠습니다.

다만 그들의 논쟁에는 훨씬 더 심각한 어떤 것이 있었다고 할 수 있습니다. 종교적 차원의 대립이었습니다. 테베는 빌가뇽의 가톨릭 부속 사제였습니다. 그는 빌가뇽이 독실한 가톨릭 신자였던 시기에 동행했습니다. 그러나 우리는 빌가뇽이 가톨릭 신자들뿐만 아니라 개신교 신자들도 함께 데리고 항해했다는 사실을 알고 있습니다. 사실 빌가뇽의 원대한 계획은, 그리고 그를 후원했던 콜리니의 계획은 프랑스인들을 이 머나먼 땅에 정착시켜 그들이 종교적 분쟁을 잊고 가톨릭과 개신교도들이 서로 사이좋게 살게 하는 것이었습니다.

그런데 빌가뇽은 브라질에서 고통을 겪고 있었습니다. 외로움, 특이한 풍속, 그리고 여러 시련들로 인해 다소 혼란스러웠던 빌가뇽은 심각한 종교적 갈등까지 떠안게 되었습니다. 그래서 고민 끝에 칼뱅에게 편지를 보내 자신을 도와달라고 요청했습니다. 브라질에 정착한 얼마 안 되는 프랑스인들 사이에서 극렬한 신학적 논쟁이 벌어지고 있는데, 이 문제를 해결할 수 있게 개신교 목사들을 보내달라고 말입니다. 칼뱅은 이 요청을 받아들여 목사 몇 명을 보냈습니다. 그중에 한 명이 장 드 레리입니다.

제가 앞서 언급한 레리와 테베의 논쟁은 단지 민족학적 입장이 다른 두 사람의 이야기가 아닙니다. 이것은 서로 진흙탕 싸움을 벌이며 상호 비방하던 가톨릭교도와 개신교도 사이에 벌어진 이야기였습니다. 당시 빌가뇽이 개척한 식민지에는 어려운 일들이 산더미같이 쌓여 있었습니다. 반란도 있었고 분쟁도 있었고 처형도 있었습니다. [심지어] 빌가뇽에 대한 음모도 있었습니다. 빌가뇽은 음모의 주동자들을 처형하는 등 매우 잔인하게 복수했습니다. 가톨릭교도와 개신교도들은 이 사건에 대해 서로 책임을 상대방에게 떠넘기고 있었습니다.

그러한 관점에서 사태를 찬찬히 살펴보면, 당시 현장에서 이 모든 것을 지켜본 몽테뉴의 정보 제공자들은 테베에게 적대적이었고 가톨릭교도보다는 개신교도에게 더 호의적이었습니다.

다시 식인종에 관한 몽테뉴의 글로 돌아가겠습니다. 아니 적어도 그의 글 가운데 특별히 우리의 관심을 끄는 지점까지 가보겠습니다. 제가 언급한 주제로 다시 돌아와, 몽테뉴의 글에서 발견한 게 뭔지 아세요? 바로 '야만'을 어떻게 정의 내릴 수 있는가입니다. 몽테뉴는 이 질문을 문단 맨 첫머리에서 바로 던집니다. 인용하겠습니다.

> 사람들이 내게 전해준 바에 따르면, 그 나라에는 야만적이고 미개한 것은 전혀 없는 듯하다. 사람들 누구나 자기 풍습에 없는 것을 야만이라 단정하여 부를 뿐이다. 실제로 우리는 자기가 살고 있는 고장의 사고방식이나 풍습, 우리가 직접 관찰한 사례를 제외하면 진리나 이성의 척도를 갖고 있지 않다. 하지만 그 신대륙에도 완전한 종교와 완전한 정치가 있고, 모든 것에 대한 완벽하고 비할 바 없는 풍습이 있다. 우리가 그들을 '야

만인'이라고 부르는 것은, 자연이 저절로 자연스러운 과정을 통해 이룩한 성과를 '야만'이라고 부르는 것과 마찬가지다. 그러나 사실 우리가 인위적인 기교로 사물의 깊은 질서를 바꾸어놓은 일이야말로 야만이라고 할 수 있다. 전자에는 진실하고 유익하며 자연스러운 미덕과 특성이 생생하고 강력하게 살아 있다. 우리는 그런 것들을 후자 안으로 가져와 타락시키고 우리의 부패한 취향에 맞도록 순응시켜놓고 있을 뿐이다.

그러나 저 문명화되지 못한 나라의 사람들이 이루어놓은 여러 성과 중에는 우리 취향으로 보더라도 우리 것에 못지않게 탁월한 묘미와 고상함을 가진 것이 있다. 기술이 우리의 위대하고 강한 어머니 자연보다 더 큰 명예를 얻는 것은 당치도 않다. 우리는 자연의 산물이 지닌 아름다움과 풍요로움에 너무나 많은 작위를 가해, 그것을 완전히 질식시켜버렸다. 하지만 자연은 그 순수함이 빛나는 모든 곳마다 우리의 경박하고 헛된 시도들을 놀라우리만치 부끄럽게 만든다.

여기서 참으로 놀라운 것은 몽테뉴가 이 대목—물론 우리에게 매우 중요한 대목—에서 미개(sauvage)와 야만

(barbare)을 상호 호환이 가능한 용어로 사용한다는 점입니다. 사실 당시의 언어에서 두 용어가 똑같은 의미로 사용되지는 않았습니다.

그렇다면 두 용어는 어떤 점에서 서로 다를까요? 저는 두 용어가 본질적으로 정치적 차원에서 다르다고 생각합니다. 예를 들어 말씀드리겠습니다. 미개한 나라들은 주변과 접촉하지 않고 고립되어 사는, 아주 작은 나라들입니다. 야만적인 나라에 사는 사람들은 제 나름의 정치 기구를 운영할 능력이 있으며 원대한 계획을 실현하기 위해 모여 사는—비록 따로 떨어져서도 정상적으로 살아갈 수 있지만—사람들입니다.

저는 이 점에서 몽테뉴가 자신의 논리를 펼치기 위해 어쩔 수 없이 혼란을 겪고 있다고 생각합니다. 말하자면 그는 고대 그리스 로마 시대의 글과 브라질에서 관찰한 기록 사이에서 비약과 대조를 반복하며 전자에 '야만'이라는 용어를 사용했습니다. 그리고 이를 후자와 연관시키기 위해 둘 사이에 일종의 대응관계를 확립할 필요가 있었습니다.

몽테뉴는 「식인종에 대하여」의 다른 곳에서도 이런 종류의 작업을 시도합니다. 저는 우선 몽테뉴가 내린 '야만'과 '미개'에 대한 정의가 생각납니다. 자신의 글 첫머리에서 몽테뉴는 다음과 같이 이야기합니다. "그런 점에서 우리는 세간에 전해 내려오는 설이나 견해에 얽매이는 일이 없어야 하며, 사회 통념이 아니라 이성의 관점에서 판단해야 한다."

조금 더 읽어 내려가면 제가 앞서 인용한 대목이 나옵니다. "사람들이 내게 전해준 바에 따르면, 그 나라에는 야만적이고 미개한 것은 전혀 없는 듯하다. 사람들 누구나 자기 풍습에 없는 것을 야만이라 단정하여 부를 뿐이다."

몽테뉴는 조금 더 뒤에서 '야만'을 자연의 법칙에 가장 가까운 것으로 정의하면서 다음과 같이 이야기합니다.

플라톤은 이렇게 말했다. "세상 만물을 만들어내는 것은 자연이거나 우연이거나 기술 가운데 하나다. 가장 위대하고 아름다운 것은 자연이나 우연으로 만들어지고, 가장 못나고 불완전한 것은 인간의 기술로 만들어진다."

그러므로 신대륙 사람들은 내게 '야만'으로 보인다. 그들의 정신은 거의 가공되지 않았고, 본연의 순박한 상태에 아주 가깝기 때문이다. 그들을 지배하는 것은 여전히 자연의 법칙이며, 인간의 법률로 인해 아주 조금 타락되어 있을 뿐이다. 그런 순수함 앞에서, 나는 때로 우리보다 이를 더 잘 판단할 수 있는 사람들이 살던 시대에 일찍이 이들의 존재가 알려지지 않은 것이 안타깝다.

그렇습니다. 몽테뉴의 말처럼, 고대의 위대한 개혁가들이나 리쿠르고스[10]나 플라톤 같은 이들이 신대륙 사람들을 알지 못했다는 것이 아쉽습니다. 그들이라면 정복자들처럼 자신들의 법을 강요해서 그들을 벼랑으로 내몰지 않고 다른 방식으로 일을 처리했을 것입니다.

우리는 한참 뒤에 다음과 같은 말도 만납니다. "우리는 이성의 법칙에 비추어서 그들을 야만인이라고 부를 수는 있지만, 우리와 비교해서는 그렇게 부를 수 없다. 우리야말로 모든 야만스러움에서 그들을 능가한다."

그리고 조금 더 뒤에서는 이런 말을 만날 수 있습니다. "이것이 우리와 비교하여 정말 야만적 ─ 우리는 다시 이 용어로 되돌아옵니다.[11]* ─ 이라고 하는 인간들이다. 사실 여

---

10 리쿠르고스(Lycourgos)는 고대 스파르타의 전설적인 입법자로 스파르타의 국가 제도와 생활 규범을 정했다고 전해진다. 기원전 7세기의 인물로 추정되나 실존 인물이 아니라는 설도 있다.

기서 우리는 택일해야 한다. 그들이 진짜 야만인이 아니라면 우리가 야만인이어야 하기 때문이다. 그들 삶의 방식과 우리 삶의 방식 사이에는 정말 놀라울 정도의 거리가 있다."

그리고 이 글의 거의 마지막 부분에서 몽테뉴는 그들이 들려주는 사랑 노래(Divinemba)[12]를 인용합니다. 이 노래는 몽테뉴가 아니었다면 원곡을 소유하지 못했을 텐데, 몽테뉴는 이 노래를 읊조린 다음 이 "시상(詩想)에는 야만스러운 구석이란 조금도 없다"라고 말합니다.

『수상록』 제1권 22장의 「습관에 대하여」에서 몽테뉴는 다시 '야만'에 대한 정의를 시도합니다.

야만인들이 우리에게 이상하게 보이는 것과 마찬가지로 우리도 야만인들의 눈에는 이상하게 보일 것이다. 그들이 더 이상하게 보일 이유는 없다. 각자가 멀리서 온 이런 사례들을 살펴보고 나서, 자신들을 돌아보고

11* 강연자가 자신의 의견을 삽입한 부분이다.
12 그것은 다음과 같이 시작한다. "뱀아, 거기 멈춰라, 거기 멈춰라, 뱀아. 내 누이가 네 모양을 본떠서 멋진 허리띠를 만들면 내 애인에게 그 허리띠를 선물하겠다. 우리 님은 다른 뱀보다 언제나 아름답고 기품 있는 너의 모습을 좋아하니까."

양쪽을 차근차근 대조—말하자면 비교[13*]—해본다면 누구나 그것을 인정할 것이다. 인간의 이성은 우리의 모든 견해와 풍속들이—어떠한 형태의 것이든—거의 비슷한 비중으로 들어가 끓여진 하나의 정수(淨水)이며 그 재료도 무한하고 그 다양함도 무한하다.

자, 이제 제가 지금까지 언급한 글들을 다시 모아 서로 비교해보십시오. 그 글들이 서로 완전히 대응하지 않는다는 사실을 발견하셨을 겁니다. 그리고 우리가 명료하지는 않지만 식별할 수 있는 세 가지 다른 방식으로 '미개'와 '야만'의 뜻을 규정하려 했다는 사실도 발견하셨을 것입니다. 몽테뉴의 머릿속에는 이 세 가지 정의가 명시적으로 또는 잠재적으로 들어 있었을 것입니다. 각각의 정의는 이후 사회학이나 민족학이 성찰해야 할 방향을 제시한다고 할 수 있습니다.

첫 번째 방식으로 정의를 내려보겠습니다. 미개(적)인 이란 자연의 법칙에 가까이 있는 것이며 아직 변조되지 않은 것이다. 이 정의는 몽테뉴의 다음과 같은 말 속에 매우

13* 강연자가 자신의 의견을 삽입한 부분이다.

분명하게 나타납니다. "만약 우리가 그들을 개발하면서 망가뜨리지 않았다면 미개인들은 날것 그대로의 미개인으로 남았을 것이다."

이 말 속에는 미개와 미개인에 대한 첫 번째 정의의 개요가 명료하게 드러나 있다고 할 수 있습니다. 이것은 후일 디드로를 비롯해 또 다른 사상가들이 정의한 '고상한 미개인' 이론으로 발전하게 됩니다.

두 번째 방식으로 내려진 정의를 살펴보겠습니다. 여기서 미개는 이성의 척도로 모든 사회를 평가했을 때 내려질 수 있는 개념입니다. 이 점은 제가 앞서 인용한 대목에 분명하게 나타난다고 생각합니다. "우리는 이성의 법칙에 비추어서 그들을 야만인이라고 부를 수는 있지만, 우리와 비교해서는 그렇게 부를 수 없다. 우리야말로 모든 야만스러움에서 그들을 능가한다."

자, 그럼 이성의 기준으로 봤을 때 모든 사회가 야만적이라면, 그렇지 않은 사회는 과연 어떻게 만들 수 있을까 하는 문제가 즉각 제기될 수 있습니다. 이제까지 존재했던 그 어떤 사회와도 닮지 않으면서 정말로 합리적인 그런 사회 말입니다. 첫 번째 정의가 우리를 '고상한 미개인' 이론으로 인도했다면, 두 번째 정의는 아마도 '사회계약'에 입각한 이론 쪽으로 정립될 것 같습니다.

마지막은 세 번째 방식으로 내려진 정의인데, 특히『수상록』제2권 8장에 잘 나타나 있습니다.[14] 이전의 정의와 거의 모순된다고 할 수 있는데, 이런 내용을 담고 있습니다. 즉 모든 풍습은 저마다의 기능과 존재 이유를 가지고 있으므로 이성의 기준으로 보면 어떤 사회도 야만적이라 할 수 없다는 것입니다.

이 점에 대해서 다시 한번『수상록』제1권 22장의 해당 대목을 인용해보겠습니다. "인간의 이성은 우리의 모든 견해와 풍속들이—어떠한 형태의 것이든—거의 비슷한 비중으로 들어가 끓여진 하나의 정수이며 그 재료도 무한하고 그 다양함도 무한하다."

이성에 속하지 않는 것은 아무런 사회적 기능도 담당하고 있지 않거나, 기타 다른 이유로 그 어떤 것에 대해서도 판단의 기준이 될 수 없다. 반면에 이성은 사회의 기저에 잠재되어 있기 때문에 어떤 형태의 신앙이나 풍습일지라

14 프랑스 푸아투 지방의 명문 출신인 루이즈 데스티사크 부인에게 바쳐진 「부성애에 관하여」라는 장을 말한다. 서간체로 된 이 장은 부부 관계, 부모와 자식 간의 애정, 자녀교육, 예의범절을 가르치는 문제, 상속 문제, 로마의 장군이나 문인의 부자 관계 등 온갖 문제를 언급하고 있다.

도 이성에 근거해 그 정당성을 확보할 수 있습니다. 여러분도 알고 계시겠지만, 결과적으로 이런 생각이 나중에 몽테뉴의 정치사상과 도덕사상이 됩니다. 몽테뉴는 그걸 「습관에 대하여」에서 잘 설명하고 있습니다. 그는 실제로 '온갖 종류의 풍습에 관한 민족지학적 자료 수집'이라고 부를 수 있을 만큼 다양한 풍습에 대해 엄청난 이야기보따리를 푼 다음, 그리고 이치상 서로 맞지 않은 온갖 인용들을 매 페이지에 늘어놓은 뒤, 하나씩하나씩 그 문제점을 지적합니다. 그러고는 여차여차한 것에 대한 우리의 믿음은 오로지 우리가 태어난 고장과 우리가 받은 교육에 따라 좌우되며, 결과적으로 모든 비판은 터무니없는 것이라는 점을 일러줍니다.

실상, 몽테뉴는 정반대되는 내용을 포괄하는 실리적인 입장을 취합니다. 다시 말하면, 우리는 어떤 풍습에 대해 내적으로 완벽하게 자유로운 판단을 내릴 수 있지만, 외적으로는 그 풍습에 대해 전적으로 존중하는 자세를 가져야 한다는 것입니다. 몽테뉴는 바로 이것이 모든 사람이 예외 없이 지켜야 할 규칙 중의 규칙이며 법률 중의 법률이라고 생각했습니다.

왜냐고요? 그 질문에 대한 답을 찾기 위해 몽테뉴의 예언적인 글 한 대목을 인용하고자 합니다. '예언적'이라고 한 이유는 바로 이 대목이 현대 인류학의 기능주의와 심지어는 구조주의 전체까지도 예고하고 있기 때문입니다. 인용하겠습니다. "어떤 종류의 법률이건 그 법률을 흔들어놓기에는 어려움이 따르게 마련인데, 과연 전해 내려오는 법률 하나를 바꿔 우리가 취할 수 있는 이득이 얼마나 될지 매우 의문이 든다. 하나의 정치조직(police) —사회 질서를 말한다[15*] —은 각기 여러 부분들이 결합되어 이루어진 건물과 같은 것으로 그중 어느 하나를 조금이라도 움직이면 전체가 영향을 받기 마련이다."

한 민족의 풍습은 수많은 부분들이 서로 긴밀한 관계를 유지하면서 하나의 전체를 이루고 있습니다. 만약 그 가운데 하나를 비판하면 나머지 것들도 연이어 무너져내리는 것이죠. 비판 과정에서 자기 몫 이외의 부수적인 것들을 챙길 수가 없고 하나의 문화가 붕괴하는 것입니다.

자, 다시 정리해봅시다. 몽테뉴 사상의 첫 번째 방향의 정의는 우리를 '고상한 미개인' 이론으로 이끕니다. 두 번째 방향, 즉 무(無)에서 시작하여 합리적인 사회를 건설하

[15*] 강연자가 자신의 의견을 삽입한 부분이다.

는 방향으로 정의할 때 우리는 '사회계약' 이론으로 나아갑니다. 그렇다면 세 번째 방향의 정의는 우리를 완전한 '문화적 상대주의'로 인도할 것입니다. 물론 우리는 미개인에 관한 이와 같은 정의에서 세 가지 문화 양식, 현대 민족학 이론의 문제를 고찰하는 세 가지 방식을 만나게 됩니다.

『수상록』의 「식인종에 대하여」라는 장은 언급할 만한 내용이 물론 더 많습니다. 특히 몽테뉴가 브라질의 미개인을 묘사하는 방식은 더더욱 그렇습니다.

저는 예전에 뭔가 꺼름하여 혹시 몽테뉴가 레리의 수사본을 통해 인디언들에 대한 정보를 얻지 않았을까 하여 살펴보고 싶었습니다. 다시 한번 말씀드리지만, 레리의 책 『브라질 영토 여행기』는 1578년에야 출간되었습니다. 『수상록』의 첫 번째 두 권이 출간되기 2년 전이라는 이야기죠. 그러나 레리의 수사본이 1560년과 1578년 사이에 여기저기 떠돌아다녔기 때문에 몽테뉴가 직접 또는 간접으로 그 일부를 손에 넣지 않았을까 의심할 수 있습니다. 저는 몇 가지 사례를 들어 이 문제를 말끔히 해명할 수 있다고 생각합니다. 하나의 예를 들어보겠습니다. 우선 몽테뉴는 어느 인디언 마을에 처음 말을 타고 간 사람에 대해 다음과 같이 묘사합니다. "처음 그곳에 말을 타고 간 사람은 이전에 신대륙의 다른 곳에서도 여러 번 말을 보여준 적이 있어서 안심하고 들어갔는데, 그곳 주민들은 말을 타고 있는 사람의 모습이 끔찍하다고 생각해 그가 누구인지 알아보지도 않고 활로 쏘아 죽여버리고 말았다."

레리도 여기에 대해 언급하는데, 그러나 그는 다음과 같이 묘사합니다.

> 나는 그곳에 있는 동안 미개인들이 말들을 종종 봤으면 했다. 예전에 내가 좋은 말 위에 걸터앉았을 때보다 더한 기분을 그 순간에 느끼고 싶었다. 실제로 만약 그들이 우리 근위 기병이 말에 올라 총을 쥐고 자기 말을 펄쩍 뛰게 하거나 왔다 갔다 하게 하는 모습을 보게 된다면, 또한 총에서 불이 뿜어져 나오고 사람과 말이 날뛰는 모습을 보게 된다면, 그들은 첫눈에 그것이 그들 언어로 악마를 뜻하는 에냥(Aygnan)의 모습이라고 생각했을 것이다.

그러니까 몽테뉴의 정보 제공자에 따르면 말은 당시 브라질 연안에 이미 유입되어 있었다는 것입니다. 반대로 레리에 따르면 그때까지 말은 아직 그곳에 없었다는 것입니다. 여기에 두 가지 사실이 상충합니다.

다른 사례를 들어보겠습니다. 몽테뉴와 레리, 두 사람 다 브라질 인디언의 기본 식량 공급원인 마니옥[16]에 대해 말하고 있습니다. 두 사람이 어떻게 말하는지 비교해보면 흥미로운 차이를 발견할 수 있습니다. 우선 몽테뉴는 마니옥에 대해 이렇게 말합니다. "그들은 빵 대신에 고수[17]를 절인 것 같은 흰 물질을 사용한다. 나도 시험 삼아 먹어보았는데 단맛이 나긴 했지만 약간 싱거웠다."

몽테뉴는 "나도 시험 삼아 먹어보았다"라고 말합니다. 이 점은 매우 흥미로운데, 바로 그것은 원주민 여행자들이 프랑스로 올 때 몇 가지 식품들을 가지고 왔다는 사실입니다. 몇 가지 물건들도 언급합니다. 몽테뉴는 조금 더 뒤에서 이렇게 말합니다. "그들의 침상 — 해먹을 말합니다[18*] — 과 작은 끈과 칼, 전투할 때 손목을 보호하는 팔찌, 한쪽 끝

---

16 마니옥(manioc) 또는 카사바(cassava)는 남아메리카가 원산지다. 길쭉한 고구마처럼 생긴 식물로, 열대지방에서는 고구마와 함께 중요한 식량 공급원으로 활용되어왔다. 감자와 비슷하지만 맛이 좀 더 담백하다. 이 카사바의 덩이뿌리를 말려서 채취하는 전분을 '타피오카'라고 한다.
17 지중해에 분포하는 미나릿과의 식물로 과실은 작은 원형이며 맛이 좋다.
18* 강연자가 자신의 의견을 삽입한 부분이다.

이 뚫려 있어 그쪽으로 나는 소리로 춤을 출 때 박자를 맞추던 커다란 관 모양의 기구 등을 요즘 곳곳에서 볼 수 있는데, 물론 우리 집에도 있다." 관 모양의 기구란 지팡이를 말합니다.

저는 이 대목에서 몽테뉴가 이미 민족지학적 자료로 가치가 있는 수집품들을 보유하고 있었다고 말씀드리고 싶습니다.

자, 이제 마니옥으로 다시 돌아와야겠습니다. 저는 방금 전의 글과 결이 전혀 다른 레리의 글을 인용하고 싶어 지금 초조합니다. 이 대목은 인용할 만한 가치가 있습니다. 제 생각입니다만, 어쨌든 프랑스 문학에서 프루스트의 마들렌[19] 같은 효과를 불러일으키는 과자가 최초로 등장하는 대목이기 때문입니다.

물에 오래 담가놓아 신선하고 물기가 많은, 순수한 밀로 만든 생밀가루는 녹말의 향기를 여전히 지니고 있었고, 하얀 밀기울 같았는데 바다 저편에서 돌아온 나

---

19 마르셀 프루스트의 문학작품 『잃어버린 시간을 찾아서』에서 주인공은 홍차에 적신 부드러운 과자 마들렌의 냄새를 맡았을 때 무한한 행복감을 느끼며 유년의 기억을 떠올린다.

를 다시 그리로 인도했다. 그 냄새는 미개인의 집에서 사람들이 밀가루를 만들 때 일상적으로 맡을 수 있는 그 냄새를 나에게 다시 떠올리게 했다.

보시다시피 같은 주제에 대해 두 사람이 묘사하는 어투가 전혀 다릅니다. 하지만 두 사람이 놀라울 정도로 일치하는 게 있으니, 바로 사람들이 미개인의 과격성과 야만성의 증거로 삼는 것들, 특히 그 시대의 주요 쟁점이었던 식인 풍습에 대한 도덕적 반응이었습니다. 레리는 다음과 같이 말했습니다.

그럼에도 불구하고 내가 이런 이야기를 하는 이유는 브라질 땅에 있는 야만스러운 나라들에 가는 사람들 또는 그곳에서 일상적으로 벌어지는 이런 끔찍한 일들에 대하여 글을 읽는 사람들이 그와 크게 다르지 않은 일들이 우리 사이에서도 벌어지고 있다는 사실을 생각해보라고 하기 위함이다. 나는 이 주제에 대해 우선 다음과 같은 이야기를 하고 싶다. 만약 우리의 탐욕스러운 고리대금업자들이 어떻게 했는지를 분별 있게 검토한다면, 그들이 내가 말한 미개인들보다 훨씬 더 잔인하다고 이야기할 것이다. 바로 그런 이유로 선지자들은 하느님의 백성이 상대의 살가죽을 벗기고 살을 먹고 뼈를 부러뜨려 산산조각내는 자들을 고발했다. 그들이 이 모든 것을 큰 가마솥에 넣고 끓이듯 해치운다고. 혹시 사람의 살을 씹고 [소문대로] 사람의 살을 먹는 행위가 난폭하다고, 우리 고장에서는 전혀 찾아볼 수 없다고 항변하는 사람들이 있다면, 나는 그들에게 한 번 더 생각해보라고 하고 싶다. 심지어 이탈리아든 어디든 기독교인이라고 칭하는 자들 가운데는 자신들의 적을 잔인하게 처벌하는 데 만족하지 않고, 그들의 간과 심장을 배불리 먹어 치우는 만용을 부리는 자들이 있다. 나는 실제 이야기에 근거해서 이렇게 보고하는 것이다. 멀리 갈 것도 없이 프랑스의 경우를 보라. 나는 프랑스인이다. 하지만 1572년 8월 24일 파리에서 시작된 참극 때문에 프랑스인이라고 말하는 게 화가 난다. 나는 그 비극의 원인 제공자들을 원망하는 게 아니다. 그보다는 당시 프랑스 전역에서 자행된 말을 꺼내기조차 끔찍한 행동들, 그중에서 손(Saône)강에서 인양된 다음 리옹(Lyon)에서 미개인들보다 더 잔인하고 야만적인 방법으로 처참하게 훼손된 사람들의 비곗살을 최고 입찰자에게 경매로 팔았다는 사실 앞에 망연자실한다. 사람들의 간과 심장, 또 다른 신체의 일부가 지옥에서도 싫어할 미치광이 살인자들에 의해 먹어치워졌다는…….

몽테뉴도 식인 풍습에 대해 마찬가지의 의견을 피력했습니다. 그러나 레리보다 더 사실적으로 언급했습니다.

나는 사람들이 이러한 행동이 흉측하고 야만적인 행위라고 비난하는 데 대해 분개하는 것이 아니다. 오히려 우리가 그들의 잘못은 곧잘 비판하면서도 우리 자신의 야만 행위는 똑바로 보지 못하니 서글플 뿐이다.

나는 죽은 인간을 먹는 것보다 살아 있는 인간을 먹는 것이 훨씬 더 야만적이라고 본다. 감각이 아직 충분히 남아 있는 몸을 고문이나 체형을 가해 찢고 조금씩 불에 태우고 개나 돼지에게 물어뜯기게 해 고통스럽게 죽이는 일(우리는 이런 일을 책에서 읽었을 뿐만 아니라 최근에 두 눈으로 보아 생생하게 기억하고 있다. 그것도 적이 아니라 이웃이나 동포 사이에 일어난 일이다. 더 나쁜 것은 이런 일이 신앙이나 종교를 구실로 일어난다는 점이다)

이야말로, 죽은 사람을 구워 먹는 것보다 훨씬 더 야만적이라고 생각한다.

정보들의 출처는 다릅니다만 식인 풍습에 대한 반응은 같습니다. 게다가 몽테뉴의 논거는 브라질에 대해 레리가 수집한 정보 가운데 가톨릭교도보다 개신교도에게서 나온 정보에 더 바탕을 두고 있습니다.

자, 이제 몽테뉴의 「식인종에 대하여」와 관련된 이야기는 충분히 길게 한 것 같습니다. 그래도 여러분에게 짧게나마 토론할 수 있는 시간을 드리고 싶습니다.

몽테뉴 더 읽어보기

식인종에 대하여
마차들에 대하여

식인종에 대하여

피로스[1] 왕이 이탈리아로 쳐들어갔을 때, 그는 로마인들이 그와 맞서 싸우기 위해 파견한 군대의 대열이 질서 정연한 모습을 보고 "이 무리가 어떤 종류의 야만인(그리스인들은 외국인을 모두 그렇게 불렀다)인지는 모르겠으나 내가 보는 이 군대의 배치는 결코 야만적이지 않다"라고 말했다. 그리스인들은 플라미니누스[2]가 자신들의 나라에 보낸 군대를 보고도 같은 이야기를 했으며, 필리포스[3]도 자신의

---

1 피로스(Pyrrhus, 기원전 319~272)는 고대 그리스 에페이로스의 왕이다. 전투 능력에서만큼은 알렉산드로스 대왕 이래 최고의 강자로 손꼽혔고 막강한 로마군을 이긴 적도 있다. 하지만 너무 잦은 전투로 유능한 장졸들을 잃은 끝에 패망했다. 이때부터 많은 대가를 치러 실속 없는 승리를 '피로스의 승리'라 부르게 되었다.

2 플라미니누스(Titus Quinctius Flamininus, 기원전 229?~174)는 로마의 장군이자 집정관이다. 제2차 마케도니아 전쟁에서 활약했으며, 키노스케팔라이 전투에서 필리포스 5세를 무찌르고 그리스의 자유를 선언하여 그리스인들에게 해방자라는 칭송을 들었다.

3 마케도니아의 왕 필리포스 5세(Philippos V, 기원전 238~179)를

왕국에 온 로마군이 갈바[4]의 지휘 아래 진영을 설치하고 군사를 배치하는 것을 언덕 위에서 바라보며 그렇게 말했다. 그런 점에서 우리는 세간에 전해 내려오는 설이나 견해에 얽매이는 일이 없어야 하며, 사회 통념이 아니라 이성의 관점에서 판단해야 한다.

나는 우리 세기에 발견된, 빌가뇽이 상륙하여 '남극 프랑스령'(La France Antarctique)이라고 이름 붙인 저 다른 세계에서 10년인지 12년인지를 살았던 한 남자를 오랫동안 데리고 있었다. 이 거대한 지역의 발견은 중대한 일이라고 생각한다. 나는 미래에 이런 거대한 땅이 또 발견되지 않으리라고 단언할 수 있을지 모르겠다. 우리보다 훌륭한, 그토록 많은 사람도 이 점에 대해서는 과오를 저질렀기 때문이다. 나는 우리가 배[腹]보다 큰 눈을 가지지나 않을까, 능력 이상의 호기심을 가지지나 않을까 염려된다. 우리는 무엇이든 손에 넣으려 하지만 정작 잡히는 것은 바람뿐이다.

말한다. 기원전 197년 키노스케팔라이 전투에서 플라미니누스가 이끄는 그리스 도시국가와 로마의 연합군에게 크게 패했다.

4   갈바(Publius Sulpicius Galba, 기원전 3세기 말~2세기 초)는 로마 제국의 장군이자 정치가이다. 제2차 포에니 전쟁과 제1차, 제2차 마케도니아 전쟁에 참전했다.

플라톤은 솔론[5]이 이집트의 도시 사이스(Sais)의 제관들에게서 들었다고 하는 다음과 같은 이야기를 소개한다.[6] 옛날 대홍수가 나기 전에 아틀란티스라는 큰 섬이 지브롤터해협 바로 앞에 있었는데, 면적이 아프리카와 아시아를 합한 것보다 더 컸다고 한다. 그곳을 다스리던 왕들은 문제의 섬을 소유했을 뿐만 아니라 그 영토를 대륙까지 넓혀 아프리카에서는 이집트까지, 유럽에서는 토스카나까지를 차지했다. 그들은 좀 더 욕심을 내 아시아까지 건너가려고 했고, 또한 흑해까지 이르는 지중해 연안의 모든 나라를 정복하려고 했다. 그 결과 스페인의 여러 지방과 갈리아, 이탈리아를 거쳐 그리스까지 쳐들어갔으나 아테네인들에게 저지당했다. 그러고 얼마 뒤 대홍수가 나서 아테네인들과 아틀란티스인, 그리고 그들의 섬이 모두 물속에 잠겨버렸다고 한다.

바다가 시칠리아를 이탈리아에서 떼어냈다고 여기는

---

5   솔론(Solon, 기원전 640?~560?)은 고대 그리스 아테네의 정치가·입법자·시인이다. 그리스의 일곱 현인(賢人) 가운데 한 사람으로, 빈부의 차를 없애기 위한 경제 개혁을 단행하고, 참정권과 병역 의무를 규정하여 아테네 민주정의 기초를 세웠다.
6   아틀란티스 대륙의 전설은 플라톤의 대화편 『크리티아스』(Critias)와 『티마에우스』(Timaeus)에 나와 있다.

사람들이 있듯이 물이 일으킨 엄청난 재해가 우리가 사는 땅의 모양과 형세를 크게 바꿀 수도 있을 것이다.

오래전에 하나의 대륙이었던 이 두 지역들은 어느 때인가 격심한 지진이 일어나 서로 분리되었다고 한다.[7]

마찬가지로 키프로스는 시리아에서, 에우보이아섬은 보이오티아[8]의 육지에서 떨어져 나왔다. 또 다른 곳에서는 떨어져 있던 땅들 사이를 바다가 진흙과 모래로 메워 이어 붙였다고 한다.

오랫동안 노를 저어야 건널 수 있었던 불모의 늪지대가 지금은 무거운 쟁기로 경작하여 인근 도시를 먹여

---

[7] "사람들이 말하기를, 이 두 나라는 원래 하나의 나라였으나(긴 세월은 그런 큰 변화를 초래할 수 있는 법이오), 엄청난 변화가 일어나 오래전에 서로 떨어졌다 하오"(베르길리우스, 『아이네이스』 III, 414, 416, 417).

[8] 보이오티아(Boeotia)는 고대 그리스의 지방. 남동쪽으로는 아티카(아티키), 남쪽으로는 코린트만, 서쪽으로 포키스, 동쪽으로 에우보이아만, 북쪽으로는 프티오티스주에 접한다. 고전 시대의 그리스에서 보이오티아는 방위 동맹을 결성해 아테네와 스파르타의 경쟁에서 중요한 역할을 했다.

살리는 땅이 되었다.[9]

그러나 우리가 최근에 발견한 신대륙이 아틀란티스섬이라는 근거는 희박하다. 왜냐하면 이 섬은 거의 스페인에 닿아 있었다고 하는데, 아무리 큰 홍수라도 이 섬을 1,200리외(4,800킬로미터)[10]나 떨어진 곳까지 밀어냈다고 생각하기는 어렵기 때문이다. 그뿐만 아니라 현대의 항해자들이 거의 밝혀낸 바에 따르면 신대륙은 섬이 아니고 육지이며, 한쪽은 동인도에, 다른 쪽은 남북 양극의 땅에 닿아 연결된 대륙이라는 것이다. 설령 그 땅이 육지와 떨어져 있더라도 해협의 폭이 너무 좁기 때문에 섬이라고 부르기는 어렵다고 한다.

이런 거대한 땅들도 우리 몸처럼 때로는 자연스럽고 때로는 급격한 변동을 겪는 것 같다. 현재 우리 고장의 도르도뉴강이 20년에 걸쳐 오른쪽 강변을 침식해 건물의 지반

---

9 "오랫동안 배 없이는 다닐 수 없던 불모의 늪이 인근 도시를 부양하고 쟁기의 무게를 느끼게 되는, 곡식을 위협하던 강물이 진로를 바꾸어 순탄한 길로 흘러가게 되든, 인간이 해놓은 일은 언젠가는 퇴락하게 마련이거늘 어찌 언어만이 유독 변함없는 효력과 영광을 누려야 한단 말입니까?"(호라티우스, 『시학』, 65−66).
10 리외(lieue)는 옛날에 쓰이던 거리의 단위로 약 4킬로미터다.

을 무너뜨린 것을 보면, 이는 심상치 않은 변동임을 알 수 있다. 만일 이런 현상이 계속된다면 이곳의 모습은 완전히 달라질 수 있기 때문이다. 게다가 강의 움직임도 변화무쌍하다. 어떤 때는 한쪽으로 흐르고, 때로는 반대쪽으로 흐르기도 하며, 어떤 때는 본래의 물길을 따라 흐른다.

내가 말하는 것은 우리가 원인을 확실히 아는, 간혹 발생하는 갑작스러운 범람이 아니다. 바다에 면한 메도크[11]에서 내 동생 아르사크[12] 경은 바다가 토해낸 모래에 자신의 영지가 순식간에 뒤덮이는 것을 보았다. 지금은 몇몇 건물의 꼭대기만 겨우 보인다고 한다. 그의 소작지와 경작지는 황폐한 목초지가 되고 말았다. 그곳 주민들의 말로는 얼마 전부터 바닷물이 세차게 밀려 들어와 4리외(약 16킬로미터)의 땅을 잃었다고 한다. 이 모래들은 그 선발대인 것이다. 그리고 우리는 움직이는 커다란 모래언덕들이 바다보다 2분의 1리외(약 2킬로미터)나 앞서 나와 육지를 잠식하는 것을 보고 있다.

---

11 메도크(Medoc)는 보르도 북쪽, 지롱드강 후미의 왼쪽에 있는 유명한 와인 생산지다.
12 몽테뉴 가문의 2남(二男)인 토마 에켐 드 몽테뉴(Thomas Eyquem de Montaigne, 1537~97)를 말한다.

사람들이 신대륙 발견과 결부시키려고 하는 또 하나의 오래된 증언은 아리스토텔레스의 글이다. 적어도 『전대미문의 불가사의들』[13]이라는 소책자가 그의 작품이라면 말이다. 이 책에 따르면 카르타고인 몇 명이 지브롤터해협 밖으로 나가 대서양을 횡단하기로 마음먹고 오랫동안 항해한 끝에 마침내 커다란 섬 하나를 발견했다고 한다. 모든 대륙으로부터 매우 멀리 떨어진 이 섬은 비옥했고 울창한 숲으로 덮여 있었으며 넓고 깊은 강이 흘렀다. 그래서 이 풍요로운 땅에 이끌린 사람들이 아내와 자식들을 데려와 자리 잡고 살기 시작했다.

카르타고의 영주들은 영지의 주민이 점점 줄어들자 그곳에 가는 자는 누구든 사형에 처한다며 엄포했다. 또한 그곳에 새롭게 이주한 주민을 모두 쫓아냈다. 말하는 바로는 이주자들의 수가 크게 늘어나 자신들의 자리를 빼앗고 나라를 무너뜨릴 것을 두려워하여 그렇게 했다고 한다. 그런데 아리스토텔레스의 이 이야기도 사실 새롭게 발견된

---

13 『전대미문의 불가사의들』(*Des merveilles inouïes*)은 아리스토텔레스의 저작이 아니다. 몽테뉴는 고마라(Francisco López de Gómara, 1511~66)의 『인도 통사』(*Historia general de las Indias*, 1552)와 벤조니(Girolamo Benzoni, 1519~72)의 『신대륙의 역사』(*Historia del Mondo Nuovo*, 1565)에서 얻은 정보를 바탕으로 하고 있다.

땅들과 맞아떨어지지는 않는다.

내가 데리고 있던 남자는 단순하고 소박한 사람이었다. 이는 진실을 증언하기에 알맞은 조건이다. 왜냐하면 총명하고 민첩한 인간은 대개 호기심이 많고, 많은 것을 지적하지만 토를 단다. 그리고 자신의 해석을 그럴듯하게 보이게 하고 사람들을 설득하기 위해 조금씩 '이야기'를 왜곡하게 마련이다. 결코 있는 그대로 말하지 않고 자신이 본 것을 토대로 조작하고 변형시켜 말한다. 그리고 자신의 판단을 신뢰하게 하여 사람들의 마음을 끌기 위해 재료에 멋대로 살을 붙여 이야기를 과장한다. 그러므로 진정 필요한 것은 기억력이 더없이 좋은 인간이거나, 너무나 단순하여 허위로 이야기를 만들거나 진실이 아닌 것을 진실인 것처럼 꾸미는 재능이 없고 자신이 본 것에 대해 어떠한 편견도 갖지 않는 인간이다. 내가 데리고 있던 남자는 그런 사람이었다. 그는 자신이 항해 중에 알게 된 몇몇 선원이나 상인들을 여러 차례 나와 만나게 해주었다. 따라서 나는 지구지 학자들이 말하는 것을 듣지 않아도 내가 가진 정보로 만족할 정도였다.

우리에게 필요한 것은 어쩌면 각자 자기가 가본 적 있는 지방에 대해 정확히 말해주는 지리학자일지 모른다. 하지만 지리학자는 가령 우리가 본 적이 없는 팔레스타인을 가보았다는 우월감 때문에 세계의 모든 곳에 대해 아는 척 하는 특권을 누리려고 한다. 나는 사람들이 저마다 자기가 아는 것을, 다른 모든 문제에 대해서도 오로지 자기가 아는 만큼만 써주면 된다고 생각한다. 왜냐하면 지리학자는 강이나 샘에 관해서는 특별한 지식이나 경험을 갖고 있겠지만 그 밖의 다른 문제에 관해서는 일반인들과 별반 다를 바 없기 때문이다. 그러나 불행히도 지리학자는 자신의 작은 지식을 펼치기 위해 자연학(Physique) 전체를 다시 쓰려는 경향이 있다. 바로 이런 못된 버릇 때문에 수많은 어려움이 생겨난다.

이제 본래의 주제로 돌아가보자. 사람들이 내게 전해준 바에 따르면, 그 나라에는 야만적이고 미개한 것은 전혀 없는 듯하다. 사람들 누구나 자기 풍습에 없는 것을 야만이라 단정하여 부를 뿐이다. 실제로 우리는 자기가 살고 있는 고장의 사고방식이나 풍습, 우리가 직접 관찰한 사례를 제외하면 진리나 이성의 척도를 갖고 있지 않다. 하지만 그 신대륙에도 완전한 종교와 완전한 정치가 있고, 모든 것에 대한 완벽하고 비할 바 없는 풍습이 있다. 우리가 그들을 '야만인'이라고 부르는 것은, 자연이 저절로 자연러운 과정을 통해 이룩한 성과를 '야만'이라고 부르는 것과 마찬가지다. 그러나 사실 우리가 인위적인 기교로 사물의 깊은 질서를 바꾸어놓은 일이야말로 오히려 야만이라고 할 수 있다. 전자에는 진실하고 유익하며 자연스러운 미덕과 특성이 생생하고 강력하게 살아 있다. 우리는 그런 것들을 후자 안으로 가져와 타락시키고 우리의 부패한 취향에 맞도록 순응시켜놓고 있을 뿐이다.

그러나 저 문명화되지 못한 나라의 사람들이 이루어놓은 여러 성과 중에는 우리 취향으로 보더라도 우리 것 못지않게 탁월한 묘미와 고상함을 가진 것이 있다. 기술이 우리의 위대하고 강한 어머니 자연보다 더 큰 명예를 얻는 것은 당치도 않다. 우리는 자연의 산물이 지닌 아름다움과 풍요로움에 너무나 많은 작위를 가해, 그것을 완전히 질식시켜버렸다. 하지만 자연은 그 순수함이 빛나는 모든 곳마다 우리의 경박하고 헛된 시도들을 놀라우리만치 부끄럽게 만든다.

담쟁이덩굴은 누가 키우지 않아도 절로 무성하게 자라며, 소귀나무는 인적 없는 곳에 자라서 더 아름답고, 새들의 노랫소리는 꾸밈이 없어 더욱 감미롭게 들린다.[14]

우리는 아무리 노력해도, 가장 작은 새가 지은 둥지의 구조나 아름다움, 편리함을 흉내조차 낼 수 없다. 아니, 보잘것없는 거미가 만들어내는 거미줄조차도 흉내 낼 수 없다. 플라톤은 이렇게 말했다. "세상 만물을 만들어내는 것은 자연이거나 우연이거나 기술 가운데 하나다. 가장 위대하고 아름다운 것은 자연이나 우연으로 만들어지고, 가장 못나고 불완전한 것은 인간의 기술로 만들어진다."[15]

그러므로 신대륙 사람들은 내게 '야만'으로 보인다. 그들의 정신은 거의 가공되지 않았고, 본연의 순박한 상태에 아주 가깝기 때문이다. 그들을 지배하는 것은 여전히 자연의 법칙이며, 인간의 법률로 인해 아주 조금 타락되어 있을 뿐이다. 그런 순수함 앞에서, 나는 때로 이런 사실에 대해 우리보다 더 잘 판단할 수 있는 사람들이 살았던 시대에 일찍이 이들의 존재가 알려지지 않은 것이 안타깝다. 리쿠르고스나 플라톤이 이들을 몰랐던 것이 아쉽다. 왜냐하면 우리가 이들 민족에게서 관찰할 수 있었던 것이, 우

<hr />

14 프로페르티우스, 『엘레게이아 시집』(*Elegeía*) I, 2, 10. 프로페르티우스(Sextus Propertius, 기원전 50?~15)는 고대 로마의 시인으로 후대의 괴테나 바이런 등에 큰 영향을 주었다.
15 플라톤, 『법률』, 889a~d.

리 시(詩)가 황금시대를 아름답게 꾸미기 위해 동원했던 모든 표현을, 그리고 인간의 행복한 상태를 상상하기 위해 사용했던 모든 재능을 뛰어넘을 뿐만 아니라, 철학이 생각해낸 모든 행복한 상태의 개념이나 욕망 자체보다도 더 뛰어난 것처럼 보이기 때문이다. 리쿠르고스나 플라톤은 우리가 거기서 경험을 통해 확인한 만큼의 순수하고 소박한 자연 상태(état naturel)를 상상할 수 없었을 뿐만 아니라, 인간 사회가 인공적인 요소나 인위적인 유대 없이 유지될 수 있으리라고는 생각조차 못했을 것이다.

나는 플라톤에게 이렇게 말해주고 싶다. 이 나라에는 어떤 종류의 상거래도 없다. 문자에 대한 이해도, 수의 개념도 전혀 없다. 관리라는 말도, 위계(位階)라는 말도 없다. 사람을 부리는 제도와 빈부를 가리는 제도도 없다. 계약, 상속, 분배도 없고, 아무 일도 하지 않는 것 말고 달리 일이 없다. 직계를 제외하면 친족 관계에 대한 존중도 없다. 의복도, 농사도, 금속도, 포도주와 밀(blé)도 없다. 거짓말, 배신, 속임수, 탐욕, 시기, 비방, 용서 등을 의미하는 언어 자체도 없다.[16] 플라톤은 자신이 상상한 '공화국'이 그 완

---

16 플라톤을 향한 이 말은 셰익스피어의 친구인 존 플로리오의 번역을 거쳐 셰익스피어의 「템페스트」 제2막 제1장의 곤잘로의 대사

벽함에서 얼마나 이곳만 못한지를 몰랐을 것이다!

　　　이것이 바로 자연이 준 최초의 법칙들이다.[17]

　요컨대 그들은 매우 쾌적하고 온화한 나라에 살고 있다. 그래서 나의 증인들이 말해준 바에 따르면, 그곳에서는 아픈 사람을 보기 어렵다는 것이다. 나의 증인들은 몸을 떨거나 눈이 곪았거나 이가 빠졌거나 늙어서 허리가 굽은 사람을 본 적이 없다고 잘라 말했다. 그곳 주민들은 바닷가를 따라 자리 잡고 사는데, 육지 쪽은 크고 높은 산들로 보호받고, 바닷가와 산들 사이의 거리는 100리외(400

에 들어갔다. "그 나라에서는 만사를 보통과는 반대로 처리할 것입니다. 어떤 상거래도 인정하지 않을 것이고, 관리 따위도 없을 것이며, 학문도 금지하고, 빈부도 없을 것이고, 고용살이도 없을 것입니다. / 계약·상속·경계·소유지·경작지·포도밭 같은 것도 없을 것입니다. 금속·곡물·주류·기름 등의 사용도 없을 것이며, 직업도 없어서 남자들은 무위도식할 것이고, 여자들 또한 순진 난만할 것이며, 군주권도 없을 것이고… / 만인이 필요한 물건은 죄다 자연이 만들어줄 테니, 땀을 흘릴 필요도 없고 노력할 필요도 없습니다. / 반역도 살인도 없고, 칼이나 창이나 단검, 총, 그 밖의 어떤 전쟁 무기도 필요 없습니다. / 그냥 내버려두어도 자연이 풍성한 오곡을 생산하여 순박한 백성들을 먹여줄 것입니다"(홋타 요시에, 『위대한 교양인 몽테뉴』1, 한길사, 1999, 289~290쪽 참조).
17　베르길리우스, 「농경시」II, 20.

킬로미터)가량 된다고 한다. 이곳에는 우리 고장에서 볼 수 없는 생선과 고기가 풍부하며, 굽는 것 외에 다른 인공 조리법을 전혀 가하지 않고 그것들을 먹는다.

처음 그곳에 말을 타고 간 사람은 이전에 신대륙의 다른 곳에서도 여러 번 말을 보여준 적이 있어서 안심하고 들어갔는데, 그곳 주민들은 말을 타고 있는 사람의 모습이 끔찍하다고 생각해 그가 누구인지 알아보지도 않고 활로 쏘아 죽여버리고 말았다.

이들의 전통 가옥은 매우 길어서 200~300명을 수용할 수 있다. 큰 나무껍질로 지붕을 씌워놓았는데, 한쪽은 땅에 닿게 하고 다른 한쪽은 꼭대기에서 서로 기대어 지탱하게 했다. 마치 우리의 곳간처럼 지붕이 아래로 드리워져 양쪽 벽면을 이룬다. 그곳에는 매우 단단한 나무가 있어서 그것으로 물건을 자를 때 쓰는 칼을 만들거나 고기를 구울 때 쓰는 석쇠를 만들기도 한다. 침대는 무명을 엮어 만든 것으로, 마치 우리 배의 침대처럼 천장에 매달아 사용한다. 그들은 각자 침대를 갖고 있다. 왜냐하면 아내와 남편이 따로 떨어져서 자기 때문이다.

그들은 해가 뜨자마자 일어나며, 일어난 즉시 하루 분량의 식사를 한다. 아침 외에는 식사를 하지 않기 때문이다. 수이다스[18]에서 동양의 몇몇 민족은 식사를 마친 다음에야 술을 마신다고 했는데, 그들도 식사하는 동안에는 술을 마시지 않는다. 대신 하루에 몇 번씩 아주 많은 양의 술을 마신다. 그들의 술은 어떤 종류의 나무뿌리로 만든 것으로, 빛깔이 우리의 연한 적포도주와 같다. 술을 마실 때는 꼭 미지근하게 데워서 마신다. 이 술은 이틀이나 사흘이 지나면 맛이 변하는데, 약간 쏘는 맛이 있고, 결코 취기가 오르지 않으며 위장에 좋다. 익숙하지 않은 사람에게는 설사를 일으키기도 하지만 늘 마시는 사람에게는 무척 맛있는 술이다. 그리고 그들은 빵 대신에 고수를 절인 것 같은 흰 물질을 사용한다. 나도 시험 삼아 먹어보았는데 단맛이 나긴 했지만 약간 싱거웠다.

그들은 온종일 춤을 추면서 지낸다. 가장 젊은 사람들은 활을 들고 사냥을 나간다. 그동안 일부 여자들은 술을 따뜻하게 데우는데, 이는 그녀들의 주된 임무다. 노인들 중 한 사람은 아침 식사 전 그 곳간 같은 집에 사는 모든 사람에게 설교를 한다. 이쪽 끝에서 저쪽 끝으로 한 바퀴

---

18 수이다스(Suidas)는 고대 지중해 세계를 다룬 10세기의 비잔틴 백과사전이다. 예전에는 편찬자의 이름으로 오해하기도 했다. 수다(Suda) 또는 소우다(Souda)라고도 한다.

다 돌 때까지 같은 이야기를 여러 번 되풀이한다. 이 건물의 길이가 족히 백 걸음은 되기 때문이다. 노인의 당부는 두 가지밖에 없다. 적과 맞서서는 용감해야 하고, 아내에게는 다정해야 한다는 것이다.

그러면 설교를 들은 이들도 그들이 마실 술을 데우고 향미를 내주는 이가 아내들이라는 점을 후렴처럼 되뇌면서 감사를 표한다. 그들의 침상과 작은 끈과 칼, 전투할 때 손목을 보호하는 팔찌, 한쪽 끝이 뚫려 있어 그쪽으로 나는 소리로 춤을 출 때 박자를 맞추던 커다란 관 모양의 기구 등을 요즘 곳곳에서 볼 수 있는데, 물론 우리 집에도 있다. 그들은 온몸의 털을 깎는다. 나무나 돌로 된 면도칼밖에 없는데도 우리보다 훨씬 말끔하게 깎는다. 그들은 영혼이 영생한다고 믿으며, 신의 은총을 받을 만한 영혼은 해 뜨는 동쪽 하늘에 머물고, 저주받은 영혼은 서방(Occident)에 있다고 믿는다.

그들에게는 일종의 성직자나 예언자들이 있는데, 산속에 살고 있기 때문에 사람들 앞에 모습을 드러내는 일은 극히 드물다. 그들이 내려오면 성대한 축제와 더불어 여러 마을(앞서 말했듯이 곳간 같은 건물들은 각각 하나의 마을을 이루고 있으며, 프랑스의 척도로 1리외[4킬로미터] 정도의 간격을 두고 서로 떨어져 있다) 사람들이 모인 장엄한 집회가 열린다. 이 예언자는 마을 사람들에게 착한 일을 하고 의무를 지키라고 권한다. 그런데 그들의 윤리관에는 전쟁에 나가서는 용감하고 평소 아내를 사랑하라는 두 조목밖에 없다. 예언자는 그들에게 장차 무슨 일이 일어날지, 그들이 계획하는 일의 결과가 어떻게 될지를 내다보고, 전쟁을 할 것인지 말 것인지를 결정해준다. 그러나 예언이 맞지 않거나 예언과 다른 방향으로 사태가 벌어지면 거짓 예언자라 해서 온몸이 갈가리 찢기는 형벌에 처해진다. 그래서 일단 실수한 예언자는 다시는 마을 사람 눈에 띄지 않는다.

예언은 신이 내려준 선물이므로 남용하는 것은 벌을 받아 마땅한 사기 행위다. 스키타이족은 점쟁이가 틀린 예언을 하면 손발을 사슬로 묶어 가시덤불을 가득 실은 수레 위에 누이고 그것을 황소가 끌게 한 다음 그대로 불태워 죽인다. 인간의 능력 범위 안의 일을 다루는 사람들은 자기가 할 수 있는 일만 하는 것이니 용서받을 수 있다. 그러나 우리가 알 수 없는 특별한 능력을 과시하면서 세상을 속이는 사람들은 약속한 바를 지키지 못했고 뻔뻔하게 사기를 친 것이니 처벌해야 마땅하지 않은가?

그들은 산 너머 내륙 깊숙한 곳에 사는 부족들과 전쟁

을 한다. 모두 알몸으로 싸우러 나가는데, 무기라고는 활과 우리의 수렵용 창처럼 끝이 뾰족한 나무칼밖에 없다. 싸울 때 이들은 놀라울 정도로 악착같으며, 싸움이 시작되면 죽이거나 피를 봐야 끝이 난다. 달아남이나 두려움을 모르기 때문이다. 싸움이 끝나면 각자 자기가 죽인 적의 머리를 전리품으로 가지고 돌아와 집 입구에 매달아놓는다. 포로를 잡으면 오랫동안 잘 대해주고 가능한 모든 편의를 제공한다. 그런 다음 포로의 주인은 자신이 평소 알고 지내는 모든 사람을 다 불러 모은다. 주인은 포로의 한쪽 팔을 밧줄로 동여매고 덤벼들지 못하도록 몇 발짝 떨어져서 밧줄의 끝을 잡고, 다른 팔 하나도 마찬가지로 동여매서 그의 가장 친한 친구에게 내주어 붙잡고 있게 한다. 그리고 나서 두 사람은 칼로 포로를 쳐서 죽인다. 이 일이 끝나면 그들은 포로를 구워서 모인 사람들과 함께 먹고, 함께하지 못한 친구들에게도 몇 덩이씩 보낸다. 이것은 사람들이 생각하듯, 옛날 스키타이족이 하던 것처럼 영양을 취하기 위함이 아니라 극단적인 복수를 보여주기 위함일 것이다.

이는 다음과 같은 사실을 보여준다. 그들의 적과 손을 잡은 포르투갈인들은 그들이 포로를 다루는 방식과는 다른 방식을 사용한다. 포르투갈인들은 포로를 잡으면 허리까지 땅속에 묻고, 바깥으로 나온 몸통에 많은 화살을 쏜 다음 목을 매달아 죽인다. 이를 본 원주민들은 다른 세상에서 온 이 사람들(이들은 이미 주변에 많은 죄를 전파했고 사악한 짓을 하는 데는 자기들보다 훨씬 더 뛰어난 자들이다)이 아무 이유 없이 이런 복수 방법을 취하지 않았을 것이며, 이것이 자신들의 방식보다 훨씬 더 고통을 줄 수 있으리라 생각했다. 그래서 그들은 옛날 방식을 조금씩 버리고 포르투갈인들이 사용한 방식을 좇기 시작했다. 나는 사람들이 이러한 행동이 흉측하고 야만적인 행위라고 비난하는 데 대해 분개하는 것이 아니다. 오히려 우리가 그들의 잘못은 곧잘 비판하면서도 우리 자신의 야만 행위는 똑바로 보지 못하니 서글플 뿐이다.

나는 죽은 인간을 먹는 것보다 살아 있는 인간을 먹는 것이 훨씬 더 야만적이라고 본다. 감각이 아직 충분히 남아 있는 몸을 고문이나 체형을 가해 찢고 조금씩 불에 태우고 개나 돼지에게 물어뜯기게 해 고통스럽게 죽이는 일(우리는 이런 일을 책에서 읽었을 뿐만 아니라 최근에 두 눈으로 보아 생생하게 기억하고 있다. 그것도 적이 아니라 이웃이나 동포 사이에 일어난 일이다. 더 나쁜 것은 이런 일이 신앙이나 종교를 구실로 일어난다는 점이다)이야말로, 죽은 사람을 구워 먹는 것보다 훨씬 더 야만적이라고 생각한다.

스토아학파의 우두머리인 크리시포스[19]와 제논[20]은 우리의 필요 때문이라면 인간의 시신을 어떤 일에 사용하더라도 조금도 나쁠 것이 없으며, 심지어 식량으로 삼아도 상관없다고 생각했다. 우리 조상들도 알레시아[21]에서 카이사르에게 포위당했을 때 노인들과 여자들, 전투에 쓸모없는 사람들의 시신을 이용해 공방전 동안의 굶주림을 견디기로 결심했다.

가스코뉴 사람들은 그 식량으로 연명했다고 한다.[22]

19 크리시포스(Chrysippos, 기원전 279?~206?)는 솔로이 출신의 그리스 철학자다. 스토아 철학을 체계화한 주요 인물로 아테네에 스토아 학원을 세운 것으로 추측된다. 그가 쓴 750여 편의 글을 보면, 지성을 훈련하기 위해 명제 논리를 최초로 구성했음을 알 수 있다.
20 키티온의 제논(Zenon, 기원전 334?~262)을 말한다. 크리스포스와 함께 스토아학파의 창시자로 알려져 있다.
21 알레시아(Alésia)는 프랑스 중부 디종 가까운 곳에 있던 고대 도시다. 기원전 52년 9월에 벌어진 알레시아 공방전은 카이사르가 이끄는 로마 군대와 베르킨게토릭스를 중심으로 하는 갈리아 부족 연합군 사이에 벌어진 전투다. 이 전투를 끝으로 카이사르는 갈리아 전체를 로마에 복속시키는 데 성공한다.

의사들도 우리의 건강을 위해 내용(內用)이든 외용(外用)이든 인육을 사용하는 것을 꺼리지 않는다. 그러나 우리가 예사로 저지르는 배신, 비열, 폭정, 잔혹 등의 행위는 어떤 이유로도 변명할 수 없다.

그러므로 우리는 이성의 법칙에 비추어서 그들을 야만인이라고 부를 수는 있지만, 우리와 비교해서는 그렇게 부를 수 없다. 우리야말로 모든 야만스러움에서 그들을 능가한다. 그들의 전쟁은 지극히 고귀하고 고상하며, 전쟁이라는 인간의 병폐가 가질 수 있는 만큼의 구실과 미덕을 가지고 있다. 그들 사이에서 전쟁은 미덕의 추구 외에 다른 이유가 없다. 그들은 새로운 땅을 정복하기 위해 싸우는 것이 아니다. 왜냐하면 노동이나 수고를 하지 않더라도 그들에게 필요한 모든 것을 제공하는 저 자연의 풍요를 누리기 때문에 굳이 영토를 넓힐 필요가 없다. 그들은 본디 필요한 것 이상을 욕심내지 않는, 행복한 상태에 여전히 있다. 그 이상의 것은 그들에게는 모두 쓸데없다.

그들은 보통 나이가 같은 사람은 형제라 부르고 나이가

---

22 유베날리스, 『풍자시집』(*Saturae*) XV, 93. 유베날리스(Decimus Junius Juvenalis, 1세기~2세기)는 고대 로마의 시인이다. 당시의 부패한 사회상에 대한 통렬하지만 유쾌한 풍자시로 유명하다.

아래인 사람은 아이라고 부른다. 노인들은 모든 사람의 아버지다. 이 아버지들은 공동상속인들에게 공유재산의 소유권을 온전히 넘겨준다. 자연이 애초에 자신의 창조물을 세상에 내놓을 때 그러했듯 어떤 조건이나 예외 없이 순수하게 넘겨준다. 그들의 이웃이 산을 넘어 공격해 와서 승리한다고 하더라도 승자가 얻는 것은 명예뿐이고, 용기와 용맹에서 앞선다는 우월감뿐이다. 승자는 그 외에 패자의 재산 등은 필요하지 않기 때문이다. 그리하여 그들은 자기 나라로 돌아간다. 그곳은 그들에게 필요한 것에서 부족함이 없고, 또한 자신들의 행복한 조건을 누리고 그것으로 만족하는 저 위대한 자질에서도 부족함이 없다. 공격당한 쪽이 승리해도 똑같이 행동한다. 그들은 포로에게 패배를 고하고 인정하는 것 외에는 아무런 몸값도 요구하지 않는다.

그러나 백 년이 지나도 포로 중에는 태도나 말로 불굴의 위대한 용기를 포기하기보다 차라리 죽음을 택하는 편이 낫다고 생각하지 않을 자는 나오지 않을 것이다. 목숨을 구걸하기보다 차라리 죽임을 당해 먹히는 편이 낫다고 생각하지 않을 자는 한 명도 없을 것이다. 그들은 포로를 너그럽게 대하는데, 이것은 그만큼 목숨이 귀중하다는 것을 깨닫게 하기 위함이다. 그리고 앞으로 다가올 죽음, 이

제부터 겪어야 할 고초와 그 목적을 위해 마련된 도구, 팔다리를 절단하는 방법, 그것을 제물로 벌어질 잔치 등에 관해 매우 자주 이야기를 해준다. 이런 모든 행동은 오로지 포로들의 입에서 비겁하거나 비굴한 말을 끌어내거나 그들에게 도망갈 생각을 불러일으켜, 그들을 겁에 질리게 하고, 그들의 의연함을 꺾었다는 만족감을 얻기 위한 것이다. 사실 잘 생각해보면 참된 승리란 다만 그 점에 있는 게 아닌가 싶다.

> 영혼을 굴복시켜 적으로 하여금 스스로 패배를 인정하
> 게 하는 것만이 참된 승리다.[23]

헝가리인은 매우 호전적인 전사였지만 적을 완전히 항복시키고 나면 더는 밀어붙이지 않았다. 그들은 적으로부터 항복한다는 자백을 얻어내기만 하면 적을 학대하거나 과도한 몸값을 요구하는 일 없이 그대로 놓아주었다. 다만

---

23 클라우디아누스, 「황제 호노리우스에 대하여」(Panegyricus de Sexto Consulatu Honorii Augusti) v. 248-249. 클라우디아누스(Claudius Claudianus, 370?~ 404?)는 로마의 시인이다. 황제 호노리우스의 궁정 시인으로 연대 결정에 귀중한 자료가 되는 시를 남겼다.

앞으로는 자기들에게 대항해서 무기를 들지 않겠다는 서약을 시키는 것이 고작이었다.

우리는 우리의 적보다 유리한 조건을 많이 갖고 있지만 그 조건은 빌린 것이지 우리 자신의 것은 아니다. 더 튼튼한 팔다리는 짐꾼의 자질이지 용맹의 자질은 아니다. 날렵함은 그다지 대수로울 것 없는 육체의 특징일 뿐이다. 햇빛을 이용해 적의 눈을 부시게 해서 쓰러뜨린 것은 우연에 불과하다. 능숙한 검술은 재간과 기술이 좋다는 뜻이므로 비겁하고 못난 인간도 할 수 있는 일이다.

한 인간의 품위와 가치는 그 마음과 의지 속에 있다. 바로 거기에 인간의 참된 명예가 깃든다. 용기란 팔과 다리의 굳셈이 아니라 마음과 정신의 굳셈이다. 용기는 훌륭한 말과 무기가 아니라 우리 자신에게서 나온다. 쓰러져도 용기를 잃지 않는 자, '쓰러져도 무릎으로 서서 싸우는 자'[24]

---

24 "신은 선한 자에게 아버지의 마음가짐을 갖고, 선한 자를 엄한 아버지처럼 사랑하지요. 그분은 말하오. '그는 노고와 고통과 피해에 시달림으로써 진정한 힘을 얻어야 할 것이야.' 잘 사육된 것들은 무위도식으로 무기력해지며, 노력이 아니라 운동과 제 몸무게 때문에 탈진하지요. 얻어맞아보지 않은 행복은 한 방에 나가떨어지지요. 그러나 끊임없이 불운과 싸우는 자는 잇단 가격에 굳은살이 박여 어떤 고난에도 물러서지 않으며, 땅바닥에 쓰러져도 무릎으로 서서 계속해서 싸우지요"(세네카, 『인생이 왜 짧은가』, 숲,

---

죽음의 위험이 임박해도 자신에 대한 확신을 늦추지 않는 자, 죽어가면서도 경멸의 눈초리로 단호하게 적을 노려보는 자는 우리가 아니라 운명에 쓰러진 것이다. 그는 죽임을 당했지만 패배한 것이 아니다. 가장 용감한 자는 때로는 가장 불운한 자다.

그러므로 승리에 못지않은 당당한 패배가 있을 수 있다. 태양이 목격한 가장 빛나는 네 번의 승리, 즉 살라미스, 플라타이아이, 미칼레, 시칠리아 전투[25]의 영광을 다 합쳐도 테르모필라이의 협로에서 레오니다스 왕과 그의 부하들이 전멸한 영광[26]에는 감히 비교조차 할 수 없다.

이스콜라오스[27] 장군은 비록 패배했지만 어느 누가 그보다 더 영광스럽고 야심차게 승리를 향해 돌진했던가?

2005, 136~137쪽 참조).

25 살라미스(Salamis), 플라타이아이(Plataeae), 미켈레(Mycale) 전투는 기원전 480~479년에 일어났으며, 페르시아 전쟁에서 그리스 연합군이 승리하는 결정적인 계기가 되었다. 시칠리아 전투는 펠로폰네소스 전쟁에서 시라쿠사의 주민이 아테네 침략군을 막아낸 사건을 말한다.

26 기원전 480년 7월 제3차 페르시아 전쟁 때 테살리아 지방 해안의 협곡인 테르모필라이에서 일어난 페르시아군과 스파르타군의 전투를 말한다. 스파르타의 왕 레오니다스(Leonidas, ?~기원전 480)는 약 300명의 정예군을 이끌고 페르시아군에 용맹하게 맞서 싸우다가 전멸한다. 이들의 항전은 영웅 서사의 전형으로 칭송받는다.

27 이스콜라오스(Ischolas), 스파르타의 장군.

어느 누가 자신의 죽음으로 얻은 것보다 더 세심하고 명민하게 자신의 안녕을 확보할 수 있었던가? 그는 아르카디아[28]군에 대항해서 펠로폰네소스의 한 길목을 방위하는 임무를 맡고 있었다. 그렇지만 그 일을 완수하기란 지형으로 보나 전력의 불균형으로 보나 절대 불가능하다고 판단한 그는 적에게 목숨을 내놓을 각오가 되어 있는 자들만 그 자리에 남아야 한다는 결론을 내렸다. 한편 그는 자신에게 부여된 임무를 완수하지 못하는 것은 자신의 용기와 기개뿐 아니라 라케다이몬[29]의 이름에도 어울리지 않는다고 생각하여 이 두 극단의 중간이라 할 만한 길을 선택했다. 즉 자기 부대에서 가장 젊고 건강한 자들은 조국 방위에 복무하라고 되돌려 보냈다. 그리고 죽더라도 손실이 적은 자들과 함께 목숨을 걸고 이 길목을 지킴으로써 쳐들어오는 적군에게 가장 값비싼 대가를 치르게 하려고 결심했다. 결국 그 뒤의 일은 그의 뜻대로 되었다.

28 아르카디아(Arcadia)는 그리스 펠레폰네소스반도 중앙부에 위치한 지역이다. 스파르타가 자리한 리코니아 지방의 북쪽으로 높은 산맥에 둘러싸여 있다.
29 라케다이몬(Lakedaimon)은 고대 그리스의 도시국가다. 수도는 스파르타이며 펠로폰네소스반도의 타이예토스산맥의 기슭과 에우로타스강 골짜기에 있었다. 그리스 신화에서 스파르타의 건국자의 이름이다.

그와 그의 부하들은 아르카디아인들에게 사방으로 포위를 당했으면서도 수많은 적을 살육하고, 마침내 모두가 적의 칼날에 쓰러지고 말았다. 이 세상의 승리자들이 받은 온갖 트로피 가운데 이 패배자들이 받아야 할 트로피보다 더 값진 것이 있을까? 참된 승리는 전투 그 자체에 있지 안위에 있지 않다. 군인으로서 명예롭고 가치 있는 일을 했느냐 안 했느냐는 승리가 아니라 전투에 달려 있다.

다시 원래 이야기로 돌아오면, 신대륙에서 포로들은 어떤 일을 당하더라도 항복하지 않는다. 어림도 없는 일이다. 오히려 그들은 붙잡혀 있는 그 두서너 달 동안 사뭇 유쾌한 모습으로 지낸다. 포로들은 자신을 붙잡은 자들에게서 최후의 시련을 가해보라고 불을 댕긴다. 그들에게 대들고 욕설을 퍼붓고 과거에 자기네 부족과 싸워서 진 사례들을 열거하면서 그 비겁함을 비난한다. 나는 어느 포로가 지은 노래를 하나 알고 있는데 거기에는 이런 빈정거림이 있다. 말인즉 모두 용감하게 달려와서 자기 살로 저녁 식사를 하라는 것이다. 예전에 우리가 너희의 아버지와 조상들을 잡아먹었으니 용기를 한번 내보라는 것이다. 그는 이렇게 말한다. "이 근육, 이 살점, 이 혈관은 너희의 것이다. 이 불쌍한 바보들아. 너희 조상들의 팔다리의 요체가 아직도 내 살 속에 있다는 것을 알지 못하는가. 맛을 잘 봐라. 그러면 너희는 너희 자신의 살 맛을 느낄 수 있으리라." 도저히 '야만'이 느껴지지 않는 노랫말이다.

그들이 처형당하거나 맞아 죽는 광경을 목격한 사람들은 그들이 자신을 죽이는 자들에게 침을 뱉고 빈정댔다고 묘사한다. 실제로 그들은 마지막 숨이 넘어갈 때까지 말이나 태도로 상대에게 맞서 싸우기를 멈추지 않는다. 거짓말이 아니다. 이것이 우리와 비교하여 정말 야만적이라고 하는 인간들이다. 사실 여기서 우리는 택일해야 한다. 그들이 진짜 야만인이 아니라면 우리가 야만인이어야 하기 때문이다. 그들 삶의 방식과 우리 삶의 방식에는 정말 놀라울 정도의 거리가 있다.

그곳 남자들은 아내를 여럿 두는데 용맹하다는 평판이 높을수록 아내가 더 많다. 이들의 결혼 생활에서 주목할 만한 한 가지 아름다운 점이 있다. 우리의 아내들은 다른 여자들의 사랑이나 호의로부터 우리를 어떻게든 떼어놓으려고 애쓰지만, 그들의 아내들은 남편이 그러한 사랑과 호의를 받을 수 있도록 경쟁적으로 열을 올린다. 다른 무엇보다도 남편의 명성에 관심이 많기 때문에 아내들은 가능한 한 많은 동료 아내를 확보하려고 노력한다. 그것이 곧

남편의 용맹함에 대한 증거이기 때문이다.

　우리의 아내들은 말도 안 되는 일이라고 소리칠 것이다. 그러나 그렇지 않다. 이것이야말로 부부간의 본래 미덕이며, 그것도 가장 높은 단계의 미덕이다. 성경에서도 레아, 라헬, 사라와 그리고 야곱의 아내들[30]은 남편에게 그들의 가장 아름다운 몸종들을 내주었다. 리비아[31]는 손해를 보면서까지 아우구스투스[32]의 욕정을 달래주었다. 또한 데이오타루스[33] 왕의 아내 스트라토니케(Stratonice)는 자기에게 시중을 들던 매우 젊고 아름다운 침실 하녀를 남편 곁에 보냈을 뿐 아니라 그들 사이에서 태어난 아이들을 정성껏 길러 훗날 그들이 아버지의 나라를 이어받을 수 있게

---

30 이것은 몽테뉴의 착각이다. 레아와 라헬 자매는 모두 야곱의 아내이고, 사라는 야곱의 조부 아브라함의 아내다(「창세기」 16장, 30장 참조).

31 리비아(Livia Drusilla, 기원전 58~기원후 29)는 아우구스투스의 아내로 남편에게 헌신적이었고 국정에도 많은 영향을 미쳤다.

32 아우구스투스(Augustus, 기원전 63~기원후 14)는 로마 제국의 초대 황제다. 본명은 가이우스 옥타비아누스(Gaius Octavianus)이며 악티움 해전에서 안토니우스를 격파하고 지배권을 확립했으며 학술과 문예를 장려해 로마 문화의 황금시대를 열었다.

33 데이오타루스(Deiotarus, 기원전 105?~40)는 톨리스토보기(지금의 튀르키예 서부)의 테트라르케스(영주)였으며, 나중에 갈라티아의 왕이 되었다. 로마와 공고한 동맹을 맺었으며 공화국의 몰락을 초래한 로마 장군들의 싸움에 개입했다.

했다.

이 모든 예에서 나타나는 그들의 모습이 고지식하게 관습을 따를 만큼 단순하거나, 예부터 내려오는 풍습의 권위에 눌려 행동할 만큼 분별력이 없거나, 다른 방도를 취할 능력이 없을 만큼 우둔하거나 하지 않음을 알 수 있게, 한마디로 그들이 지혜롭다는 증거를 몇 가지 들겠다. 앞서 나는 그들의 전쟁 노래 가운데 하나를 읊었는데, 이번에는 그들의 사랑 노래를 들려주고자 한다. 노래는 이렇게 시작한다. "뱀아, 거기 멈춰라, 거기 멈춰라, 뱀아. 내 누이가 네 모양을 본떠 멋진 허리띠를 만들면 내 님에게 그 허리띠를 선물하겠다. 그녀는 다른 뱀보다 언제나 아름답고 기품 있는 너의 모습을 좋아하니까."

첫 구절이 이 노래의 후렴이다. 시라면 나도 제법 알고 있으니까 이 정도는 판단할 수 있다. 그 시상(詩想)에는 야만스러운 구석이란 조금도 없을 뿐더러 그야말로 아나크레온[34]풍으로 되어 있다. 또 그들의 언어는 우아하고, 귀에

---

[34] 아나크레온(Anacreon, 기원전 582?~485?)은 그리스의 서정시인이다. 술과 사랑을 주제로 한 아나크레온풍을 유행시키고 많은 이들이 그의 시를 모방했다. 16세기 프랑스 시인 롱사르와 19세기 이탈리아 시인 레오파르디 등이 그의 영향을 받았다.

감기는 느낌도 좋고, 그리스어의 어미와 닮은 데가 있다.

그들 중 세 명이 지금은 고인이 된 샤를 9세[35]가 루앙[36]에 머물 때 그곳에 와 있었다. 그들은 이쪽 세계의 부패를 아는 것이 언젠가 자신들의 안녕과 행복에 값비싼 대가를 치르게 할지도 모르고, 이쪽 사람들과의 교류로 자신들이 멸망[37]하게 될지도 모른 채(나는 이 멸망이 이미 상당히 진척되었다고 생각하지만) 딱하게도 새로운 것을 보고 싶은 욕망에 사로잡혀 그들의 평화로운 세계를 떠나 우리의 것을 보러 왔던 것이다. 왕은 오랫동안 그들과 이야기를 나누었다.

---

35 프랑스 왕 샤를 9세(Charles IX, 1550~74)는 어머니 카트린 드 메디시스(Catherine de Médicis)에게 실권을 빼앗겨 신구(新舊) 양 교도의 대립으로 인한 종교 내란에 휘말렸다. 치세 중 1572년에 성 바르텔레미 축일 대학살이 일어났다.

36 『수상록』제1권 30장 「식인종에 대하여」는 몽테뉴가 1562년 10월 프랑스 루앙에서 브라질 원주민 세 명을 만나 회견한 것을 계기로, 그때부터 적어도 10여 년이 지난 뒤에 쓴 것이다. 학자들에 따라 17년 후인 1579년에 쓰였다고 보는 견해도 있다. 원주민을 만난 당시 몽테뉴는 29세로, 보르도 고등 법원에서 판사로 재직했다.

37 "몽테뉴의 예상은 그 후 사실로 드러났다. 이미 수십 년 전에 멕시코와 페루에서 살육과 착취가 자행되었다. 그러나 당시 유럽 사람들 대부분은 유럽이 야만을 문명화시킨다고 생각했다. 사실 몽테뉴가 이를 '교류'나 '전쟁'이라고 표현한 것 자체가 말이 안 된다. 왜냐하면 신대륙의 원주민들은 일방적으로 침략당한 것이고, 앞서 말한 브라질 원주민들 역시 사실상 끌려왔지 교류를 하고자 자발적으로 온 것이 아니기 때문이다"(박홍규, 『몽테뉴의 숲에서 거닐다』, 청어람미디어, 2004, 301쪽 참조).

사람들은 그들에게 우리의 생활 방식과 화려한 의식, 아름
다운 도시의 모습을 보여주었다. 그런 다음 누군가가 그들
에게 무엇을 보고 가장 놀랐느냐고 물어보았다. 그들은 세
가지를 들어 대답했는데 매우 유감스럽게도 나는 세 번째
대답을 잊어버렸다. 하지만 두 가지는 기억하고 있으므로
여기 소개한다.[38]

　첫 번째로 그들이 놀란 것은 왕 주위에 있는 수염을 기
르고 건장하며 무장을 한 수많은 사나이들(아마도 왕을 호위
하는 스위스 병사들을 두고 한 말 같다) 중에 누군가 한 사람을

---

[38]　몽테뉴 전문가 앙투안 콩파뇽에 따르면, 신대륙 원주민들이 던
　　진 첫 번째 의문은 몽테뉴의 친구 라보에시(Étienne de La Boétie,
　　1530~1563)의 명제로 유명한 '자발적 복종'에 관한 것이다. "어떻
　　게 그토록 건장한 성인 남자들이 한낱 어린아이 하나한테 복종하
　　게 된 것일까? 그들의 복종에 어떤 미스터리가 숨어 있는 걸까? 인
　　디언들은 그 정도까지는 아니지만 구대륙의 신성 불가침한 왕권
　　을 이해하지 못했다. 두 번째 스캔들은 부자와 빈자 간의 불평등이
　　었다. 몽테뉴는 세 번째 일이 무엇이었는지는 잊어버렸다고 했다.
　　탁월한 정치적 의문과 경제적 의문 다음에 어떤 의문이 이어졌을
　　까?" 앙투안 콩파뇽은 몽테뉴가 잊어버렸다고 한 세 번째 의문을
　　가톨릭교회의 진리와 보편성에서 찾았다. "몽테뉴는 빵과 포도주
　　속에 실재하는 그리스도의 육신이나 화체설에 대한 자기 생각을
　　내보이는 위험을 절대로 무릅쓰지 않았다. 하지만 나는 바로 이것
　　이야말로 1562년에 몽테뉴가 루앙에서 만났던 인디언들이 경악한
　　세 번째 이유라는 생각을 종종 하곤 한다"(앙투안 콩파뇽, 『인생의
　　맛』, 책세상, 2014, 25~29쪽 참조).

지도자로 뽑으면 될 텐데 그렇게 하지 않고 한낱 어린아이 같은 왕에게 복종한다는 것이었다.

두 번째로 놀란 것은, 우리 가운데 어떤 사람들은 온갖 종류의 좋은 물건들을 넘칠 정도로 갖고 있는데 어째서 나머지 반쪽(원주민들은 '반쪽'이라는 표현으로 상대방을 불렀다)은 배고픔과 가난으로 피골이 상접해 문 앞에서 구걸하느냐는 것이었다. 그들에게는 생활이 곤궁한 이 반쪽들이 다른 반쪽의 멱살을 잡거나 그 집에 불을 지르지 않고, 어떻게 이런 불의를 참는지 이상하다는 것이었다.

나는 그들 가운데 한 사람과 매우 오랫동안 이야기를 해보았다. 그러나 내 통역사가 어눌해서 나의 말을 잘 설명하지 못했고, 그가 내 생각을 잘 알아듣지 못해 나는 그들에게서 특별히 흥미로운 이야기는 들을 수 없었다. 내가 그 사람에게, 당신은 당신의 동포들 중에서 우월한 자리를 차지하고 있는데(실제로 그는 대장이었고 우리 선원들은 그를 '왕'이라고 불렀다), 그 자리가 주는 이득이 무엇이냐고 묻자, 그는 전쟁이 벌어질 때 앞장서서 나아가는 것이라고 대답했다. 그리고 부하가 몇이냐고 묻자 그는 한 장소를 가리켰는데, 그 정도의 장소에 들어갈 만한 사람들을 거느리고 있다는 의미인 듯했다. 대략 4,000~5,000명은 될 듯 싶었다. 그럼 전쟁이 끝나면 그의 권위는 없어지는 것이냐고 물었더니, 그는 자기가 다스리는 마을들을 방문할 때 사람들이 숲속의 덤불 사이로 오솔길을 만들어서 편하게 지나갈 수 있게 해준다고 했다. 자신에게는 그런 권위가 남아 있다는 것이다.

다 듣고 보니 그의 얘기가 그럴듯하다. 그런데 잠깐! 그들은 우리가 입는 짧은 바지[39]도 입고 있지 않았다.

---

39 haut-de-chausses. 유럽 귀족들이 주로 입었던 남성용 짧은 바지를 말한다. 신대륙 발견 시기에 유럽 문명의 상징으로 여겨지던 물건을 기묘하게 뒤집어 표현하는 몽테뉴의 아이러니가 돋보인다.

마차들에 대하여[1]

우리는 최근에 신대륙을 발견했다. 과연 그곳이 우리가 알지 못했던 마지막 세계라고 누가 보증할 수 있을까. 악마들도, 시빌레들도, 그리고 우리도 지금껏 이 세계에 대해 몰랐다. 그곳은 우리가 사는 세계 못지않게 광대하고 풍요롭고 사람들로 가득하다. 하지만 너무 미숙하고 무지하기 때문에 그들에게 A, B, C를 가르쳐주어야 한다. 그들은 50년 전까지만 해도 문자, 도량형, 의복, 밀, 포도주 등을 알지 못했다. 그곳 사람들은 그때까지 어머니 대자연의 품에서 벌거벗은 채로 어미가 주는 것만 가지고 살았다.

만약 우리가 세계의 종말이 가까워졌다고 판단하고, 루

---

1 이 제목은 로마 황제의 사치를 문제 삼은 장(章)의 첫 부분에만 적용될 뿐이고, 그 이외의 부분들과는 별 상관이 없다. 이 장은 각기 내용이 다른 세 부분으로 구성되어 있다. 여기서 우리가 소개하는 것은 신대륙 원주민을 주제로 삼은 마지막 세 번째 부분이다.

크레티우스가 자신이 사는 시대를 세계의 청춘기라고 판단한 것이 맞다면, 신대륙의 새로운 세계는 우리의 세계가 빛을 잃고 사그라질 때 광명을 얻은 것이라고 볼 수 있다. 즉, 우주의 한쪽 손이 마비되면 다른 한쪽 손은 원기가 왕성해지는 것이다.

나는 우리의 병폐가 그들에게 옮아 신대륙의 쇠퇴와 몰락을 크게 앞당긴 것은 아닌지, 우리의 생각이나 기술을 그들에게 너무 비싸게 팔아먹은 것은 아닌지 몹시 우려스럽다. 그곳은 아직 어린 세계였다. 그러나 우리는 우리의 가치와 타고난 능력을 유일한 미덕으로 여겨 그들을 지도하거나 그들에게 규범을 강요하지 않았다. 우리의 정의와 선량함을 구실로 그들을 회유하지 않았고, 우리의 관대함으로 그들 위에 군림하지도 않았다. 그들은 우리와 거래하거나 우리에게 회답할 때 우리만큼 명석하고 적절하게 대응했다.

쿠스코[2]와 멕시코의 도시들은 놀라우리만치 화려했다. 또한 그와 유사한, 온갖 경이로운 것들 가운데 그 나라 왕의 정원에 있는 모든 나무와 열매와 식물은 일반 정원 정

2 쿠스코는 페루 동남쪽 안데스산맥에 있는 고산 도시로 잉카 제국의 수도였다.

도의 종류와 규모를 갖추었는데 황금으로 만들어져 있었고, 왕의 전시실에는 그 나라의 육지와 바다에서 나오는 모든 동물을 역시 황금으로 만들어 진열해놓았다. 그들의 보석, 깃털, 면사(面紗), 그림은 무척 아름다웠다. 이 모든 것은 그들이 기교 면에서도 우리에게 결코 뒤지지 않았음을 보여준다.

그들은 신앙심과 준법정신이 높고, 선량하고 관대하며 정직했기에 오히려 우리가 더 큰 이득을 보았다. 그들은 이런 점 때문에 도리어 패배하고 팔려가고 배신당했다.

고통과 굶주림, 그리고 죽음 앞에서 그들이 보인 대담함, 용맹함, 단호함, 의연함, 결단성에 대해 말하자면 나는 그들의 그런 면모들을 이쪽 세계의 우리에게 전승된 고대의 가장 유명한 것들과 비교하기를 주저하지 않는다.

그들의 처지를 헤아려보라. 자신들과 다른 언어와 종교를 가졌고 용모도 관습도 다른 수염투성이 사람들이, 아득히 먼 세계에서, 게다가 사람이 살고 있으리라고는 생각해본 적도 없는 곳에서, 이제껏 본 적 없는 커다란 괴물을 타고 느닷없이 나타났을 때의 놀라움을. 그때까지 그들은 말[馬] 따위를 보지 못했을 뿐더러 인간이나 짐을 실어 나를 수 있게 길들인 어떤 동물도 본 적이 없었다. 그들이 대면

한 이들은 번쩍이는 견고한 '껍데기'(갑옷)로 몸을 감싼 채 예리하고 번쩍이는 무기를 들고 있었는데, 신대륙의 그들은 거울과 칼의 번뜩이는 섬광을 기적이라 여겨 금이나 진주 같은 귀중한 보물들과 바꾸려고 들었다. 사실 그들은 우리의 무기인 강철을 이해할 만한 어떠한 도구나 지식도 갖추지 못한 사람들이었다. 게다가 우리의 대포와 소총이 뿜어냈을 불꽃과 굉음을 생각해보라. 한 번도 본 적 없는 이런 것들을 갑자기 들이대면 로마 황제 카이사르라도 놀라 동요할 것이다.

이 모든 일이 벌거벗고 사는 사람들(무명옷을 만들어 입는 일부 지역을 제외하고)에게, 무기라고는 활·돌·몽둥이와 나무로 만든 방패밖에 없는 사람들에게 일어났다. 그들은 생소한 것, 미지의 것을 보고 싶은 호기심에 사로잡혀, 그리고 우리의 거짓 우정과 호의에 속아서 허를 찔린 것이다. 끝으로 정복자들이 그들을 속이기 위해 쓴 간계나 계략을 헤아려보고, 정복자들에게 지나칠 정도로 유리했던 조건들을 생각해보라. 그러면 당신은 정복자들이 그동안 거둔 수많은 승리의 근거들을 다시 생각하게 될 것이다.

나는 수천 명의 남자와 여자, 어린이들이 그들의 신과 자유를 지켜내기 위해 불가피한 위험을 감수하며 그토록 여러 번 몸을 던진 저 불굴의 열정을 볼 때, 자신들을 그토록 수치스러운 방법으로 속인 자들의 지배에 굴하기보다는 기꺼이 최악의 곤경과 난관을 견디고 심지어 죽음마저 불사하는 저 숭고한 고집을 볼 때, 또한 포로 상태에서도 비겁한 승리자에게 먹을 것을 얻느니 차라리 굶어 죽겠다는 몇몇 사람들을 볼 때 다음과 같이 예단할 수 있다. 만약 우리가 무기와 경험 그리고 수적으로 대등한 조건에서 그들을 공격했다면, 우리는 지금까지 경험한 어떤 전쟁보다 더한 위험을 겪었을 것이라고.

어찌하여 이런 고귀한 정복이 알렉산드로스 대왕이나 고대 그리스와 로마 사람들의 차지가 되지 않았단 말인가. 또 어찌하여 자신들의 미개한 부분을 점차 다듬고 고쳐서 덕성을 기른 이 사람들이 그토록 많은 제국과 민족의 흥망성쇠와 함께하지 못했단 말인가. 만약 자연이 그곳에 낳은 이 좋은 덕성을 망가뜨리지 않고 발전시킬 수 있었다면 어땠을까. 토지를 경작하고 도시를 가꾸는 데 필요한 이쪽 세계의 기술을 전하고, 나아가 그들의 고유한 덕성에 그리스와 로마의 덕성을 더할 수 있었다면 어땠을까. 만약 그랬다면, 그리고 우리가 취한 행동들이 그곳 사람들에게 감탄과 모방의 마음을 불러일으키고, 그들과 우리 사이에 형제와 같은 동맹 관계가 형성되었다면, 우리가 사는 세상은 전체적으로 훨씬 더 나아졌을 것이다. 대부분 타고난 자질이 훌륭하고 순진하기 그지없고 배움에 목말라 있던 그곳 사람들에게서 우리가 많은 것을 얻기란 얼마나 쉬운 일이었을까.

그러나 우리는 반대로 그들의 무지함과 미숙함을 이용해, 우리의 풍습을 본보기 삼아, 그들을 배신과 음탕과 물욕 그리고 그 밖의 온갖 몰인정과 무자비에 손쉽게 굴복시키려 했다. 교역과 거래에서 상대에게 이토록 값비싼 대가를 치르게 한 자들이 일찍이 또 있었던가. 진주와 후추 거래를 위해 수많은 도시를 파괴하고 수많은 민족을 몰살했으며, 세상에서 가장 풍요롭고 아름다운 땅을 쑥대밭으로 만들었다. 얼마나 고약한 승리인가. 일찍이 어떤 야심도, 어떤 국가 간의 적의(敵意)도 같은 인간을 이토록 끔찍한 혐오와 비참한 재난으로 몰아넣은 적은 없었다.

일부 스페인 사람들은 해안을 따라 광산을 찾던 중 비옥하고 쾌적하며 인구가 많은 한 지역을 발견하고 상륙해서 그 주민들에게 다음의 통상적인 성명을 발표했다. "우리는 카스티야[3]의 왕이 파견하여 먼 항해 끝에 이곳을 찾아온 평화로운 사람들이다. 카스티야의 왕은 최고의 왕으로, 지상에서 신을 대리하는 교황으로부터 인도 제도 전체의 영유권을 받았다. 만약 너희가 우리 왕에게 조공을 바치겠다고 한다면 그에 상응하는 대우를 할 것이다. 우리는 너희에게 우리가 먹을 식량과 약으로 쓸 황금을 요구한다. 아울러 우리의 유일신 신앙과 우리 종교의 진리를 받아들이기를 권하노라." 그리고 어느 정도 위협을 가했다.

여기에 대해 그들은 이렇게 답했다. "당신들은 스스로가 평화로운 사람이라고 말하는데, 진짜 그렇더라도 외관을 보면 그렇게 보이지 않는다. 당신들의 왕에 대해 말하자면, 남에게 뭔가를 요구하는 것으로 보아 상당히 곤궁한 것 같다. 그리고 그 왕에게 영유권을 부여했다고 하는 자도, 자기 것이 아닌 것을 제삼자에게 주어서 원래의 소유자와 분쟁을 일으키려는 것을 보니 불화를 조장하기를 즐기는 인물임에 틀림없다. 식량은 원하는 대로 주겠다. 그러나 황금은 우리도 거의 가지고 있지 않다. 우리에게 황금은 중요하지 않다. 그것은 우리의 삶에 무익한 물건이기 때문이다. 우리는 오로지 행복하고 즐겁게 살기를 바랄 뿐

---

3 1037년부터 1479년까지 이베리아반도의 톨레도와 마드리드를 중심으로 발전한 기독교 왕국. 뒤에 아라곤 왕국과 통합하여 에스파냐 왕국이 되었다.

이다. 유일신이란 말은 그럴듯하다. 그러나 오랫동안 우리가 믿어온 종교를 버릴 생각은 없다. 우리는 친구나 친지 이외의 사람이 하는 권고를 받아들이는 데 익숙하지 않다. 당신들의 위협에 대해서 말하자면, 상대가 어떤 기질이나 역량이 있는지도 모르면서 위협을 가한다는 것은 판단력이 부족하다는 말이 된다. 그러니 이 땅에서 속히 물러가길 바란다. 왜냐하면 우리는 무장한 외국인을 호의적으로 받아들이는 데 익숙하지 않기 때문이다. 우리의 요구를 받아들이지 않는다면 당신들은 이런 꼴을 당할 것이다." 그들은 이렇게 말하면서 마을 주변에 매달아놓은 처형자들의 해골을 보여주었다. 이상이 그곳에 사는 이른바 '아이들'이 더듬거리며 했다는 말이다.

어쨌든 스페인 사람들은 이곳이든 저곳이든 자신들이 찾던 재물을 발견하지 못한 곳에서는 설령 다른 좋은 이득을 취할 수 있어도 체류하거나 전쟁을 일으키지 않았다. 내가 앞에서 말한 '식인종들'이 그 점을 증언할 것이다.[4]

스페인 사람들은 이 신대륙의 가장 강력한 두 명의 왕, 아니 우리 대륙까지 포함해서 왕 중의 왕이라고 할 수 있

---

4 「식인종에 대하여」를 참조하라.

는 두 왕을 마지막으로 쫓아냈는데, 그중 한 사람이 페루의 왕이다. 그는 어떤 전투에서 포로가 되어 터무니없는 몸값을 요구받았지만 충실히 그것을 지불했고, 교섭 과정에서 솔직하고 자유롭고 단호하며 통찰력 있는 올바른 정신을 보여주었다. 한편 승자 쪽은 132만 5,500온스의 황금과 그에 버금가는 은, 그 밖의 다른 물건들을 강탈했는데, 그들의 말에 황금 편자를 박을 정도로 많은 양이었다. 게다가 약속을 어기고 페루 왕의 남은 보물이 얼마나 되는지를 확인하고 그마저 모조리 빼앗으려 들었다. 그리하여 그들은 이 왕이 지방민들을 교사하여 자신의 자유를 되찾으려 했다는 거짓 증거를 꾸몄다. 더하여 이런 음모를 꾸몄다고 하는 자들을 사주하여 재판이라는 걸 열게 한 다음, 페루 왕을 공개적으로 교수형에 처하게 했다. 그리고 처형되기 직전에 그가 세례를 받을 수 있게 해서 산 채로 화형당하는 일만큼은 면해주겠노라고 공언했다. 전대미문의 해괴한 대접이었다. 그러나 왕은 이에 굴복하지 않고, 실로 왕다운 몸가짐과 장중한 어투로 모든 것을 받아들였다. 승자들은 그처럼 기괴한 처사에 아연실색한 백성들을 달래기 위해 페루 왕의 죽음을 크게 슬퍼하는 체하면서 장례를 성대히 치러주라고 명했다.

또 다른 강력한 멕시코의 왕은 포위당한 도시를 오랫동안 지키면서 이제껏 어떤 군주나 백성에게도 찾아볼 수 없었던 인내심과 강인함을 보였지만, 불행히도 적에게 생포되어 왕의 대우를 받는 조건으로 항복했다(그는 감옥 안에서도 왕의 면모에 걸맞지 않은 모습은 조금도 보이지 않았다). 스페인 사람들은 승리를 거둔 뒤 곳곳을 샅샅이 뒤졌지만, 기대한 만큼의 황금을 찾아내지 못했다. 그러자 황금이 있는 곳을 어떻게든 알아내려고 포로들에게 온갖 잔인한 고문을 가했다. 그러나 포로들의 용기가 고문을 이겨낼 정도로 굳세어 무엇 하나 알아내지 못했고, 결국 그들은 격분하여 자신들이 한 약속과 인간에 대한 최소한의 권리마저 무시하면서, 왕과 궁정 대신 한 명을 끌어내어 서로 마주보게 하고 고문을 가했다. 스페인군이 그 대신의 살을 벌건 불덩이로 지지자 끝내 고통을 이기지 못한 대신이 자신의 왕에게 가련한 시선을 보내며 더는 버틸 수 없다고 말하자, 왕은 의연하고 단호하게 그를 쏘아보면서 그의 비겁함과 심약함을 나무라며 거칠고 힘찬 목소리로 다음과 같이 꾸짖었다. "자네는 짐이 목욕이라도 하는 줄 아는가? 정말로 내가 자네보다 편하다고 생각하는가?" 대신은 그 말이 떨어진 직후 고통을 이기지 못하고 그 자리에서 숨을 거두고 말았다. 왕은 반쯤 불에 탄 채 들려 나갔는데, 스페인군이 왕을 불쌍히 여겨서 그랬던 것은 아니다. 그처럼 잔인한 인간들에게 무슨 연민 같은 것이 있겠는가? 그들은 약탈할 황금 항아리가 숨겨져 있다는 정보를 얻기 위해서라면 사람 하나를 화형에 처할 수 있는 인간들이다. 그 사람이 높은 신분이거나 존엄한 왕이라 할지라도 말이다. 그들이 왕을 밖으로 내보낸 이유는 왕의 불굴의 태도가 자신들의 잔인함을 더욱 부끄럽게 만들었기 때문이다. 그 후에 그들은 왕을 교수형에 처했다. 왕이 오랜 감옥살이와 예속에서 벗어나려고 용감하게 무기를 들었기 때문이다. 이로써 왕은 위대한 군주에 걸맞은 최후를 장식했다.

스페인 사람들이 한번은 460명을 산 채로 불태워 죽인 일도 있었다. 그중 400명은 평민이고 60명은 지방 귀족이었지만, 모두 단순한 전쟁 포로였다. 우리는 이 이야기를 스페인 사람에게 직접 들었다. 그들은 이를 자랑하며 책으로 내기까지 했다. 정의감이나 종교심의 열의를 증명하기 위해서였을까? 분명 아닐 것이다. 그것은 이런 신성한 목적과는 너무나 상충되는 짓이다. 그들이 우리의 신앙을 전할 목적이었다면 그들의 땅을 소유하는 것이 아니라 사람의 마음을 얻음으로써 가능하다는 사실을 이해했어야 한다. 그랬다면 그들은 전쟁 때문에 불가피하게 일어나는 살인에 그쳤을 것이다. 광산에서 일을 시킬 가련한 노예들만 살려둔 채 나머지 사람들을 짐승 대하듯 모두 죽여버리는 짓 따위는 하지 않았을 것이다. 결과적으로 이 일에 가담한 대장들은 그들의 잔혹한 행위에 분개한 카스티야 왕의 명령으로 대부분 그들이 정복한 바로 그곳에서 사형을 당하고 말았다. 그들 모두는 증오와 경멸의 대상이 되었다. 신께서도 합당한 조치를 취하시어 막대한 약탈품들은 운반 도중에 바다가 삼켰고, 그들 사이에 죽고 죽이는 싸움이 벌어졌다. 대부분의 병사들은 승리의 성과를 조금도 누리지 못한 채 약탈한 바로 그 땅에 묻히고 말았다.

신대륙에서 얻은 노획물은 검소하고 분별 있는 국왕의 손에 들어갔을 때조차도 그의 선왕들 때와 비교하면, 또 신대륙에 처음 도착했을 때 발견한 풍부한 재물과 비교하면, 사람들의 기대에 차지 않는 수준이었다. 비록 많은 재물을 약탈했더라도 기대에 비하면 아무것도 아니었다는 말이다. 신대륙에서는 화폐를 거의 사용하지 않았고, 따라서 그들은 황금을 한곳에 모아 마치 강력한 왕들이 대대로 물려받은 가구나 물건처럼 전시하는 데 썼을 뿐이다. 그 왕들은 열심히 광산을 파헤쳐 궁전과 신전을 장식하기 위한 거대한 그릇과 조각상만 만들었던 것이다. 이에 반해 우리는 황금을 화폐로써 교역에 사용한다. 황금을 작게 쪼개 수많은 형태로 변형해 널리 퍼뜨린다. 우리의 왕들이 몇 세기에 걸쳐 찾아낸 모든 황금이 이처럼 쌓이기만 하고 아무런 쓰임도 없이 보관되기만 했다고 상상해보라.

멕시코 왕국의 백성은 신대륙의 다른 나라 사람들보다 더 문명화되고 기술 면에서도 진보해 있었다. 그래서 그들은 우리처럼 세계의 종말이 가까이 왔다고 믿고 우리가 그들에게 초래한 황폐함을 그 징조로 보았다. 그들은 세계가 다섯 개의 태양이 뜨고 지는, 다섯 시대로 구분된다고 여겼는데, 네 시대는 이미 끝났고 지금 그들을 비추는 것이 다섯 번째 태양이라고 믿었다.

첫 번째 시대는 세상 전체를 휩쓴 대홍수가 일어나 모든 피조물들과 함께 멸망했다. 두 번째 시대는 하늘이 대지 위로 무너져 모든 생명체를 질식시키면서 멸망했는데, 그들은 이때를 거인들의 시대라고 말한다. 그들은 스페인 사람들에게 그 시대의 해골을 보여주었는데, 그에 따르면 거인들의 키가 6미터나 된다고 한다. 세 번째 시대는 모든 것이 불에 타 멸망했다. 네 번째 시대는 몇몇 산을 쓸어버릴 정도로 공기와 바람이 요동쳐서 멸망했다. 그로 인해 인간은 죽지는 않았지만 모두 원숭이로 변해버렸다(인간의 맹신은 이런 터무니없는 것도 받아들인다).

네 번째 태양이 사라진 다음에 등장한 세상은 25년간 암흑 속에 갇혀 있었는데, 열다섯째 해에 남자와 여자가 창조되었고 그들이 인류를 다시 만들었다. 그로부터 10년이 지난 어느 날 태양이 새로 창조되어 모습을 드러냈다. 그들은 이때를 그들의 기원 원력으로 삼아 달력에서 셈하기 시작했다. 태양이 창조된 3일째 예전의 신들은 다 죽었다. 그 후 매일 새로운 신들이 하나둘씩 태어났다. 내가 읽은 책의 저자는 그들이 이 마지막 태양의 멸망을 어떻게 생각했는지 아무것도 가르쳐주지 않았다. 그러나 네 번째 변화 이후 그들이 헤아려본 연도의 수를 생각해보면 점성술사들의 생각처럼, 800년 전 별들의 회합 때문에 세상에 많은 이변이 생겼다고 추정할 수 있다.

그리스·로마·이집트의 건축이 화려하고 웅장하지만 유용성과 정밀성 측면에서 그 어떤 건축물도 페루의 도로와 견줄 수 없다. 도로는 페루의 왕들이 만들게 한 것인데, 키토에서 쿠스코까지 약 118킬로미터에 걸쳐 일직선으로 판판하게 닦인, 너비 25보(步)의 포장도로이며 도로 양쪽으로는 높고 아름다운 담이 둘러서 있다. 담 안쪽으로는 언제나 물이 풍부한 두 줄기의 개울이 흐르고, 가장자리에 는 그들이 '몰리'라고 부르는 아름다운 나무가 심겨 있다. 페루인들은 도로를 만들다 산이나 바위를 만나면 그것을 허물어 평평하게 했고, 물웅덩이는 돌과 석회로 메웠다. 구간별로 아름다운 건물을 짓고, 그곳을 지나는 여행자나 군대를 위해 식량과 의복과 무기를 구비했다. 내 나름대 로 공사의 어려움을 평가해보니 특히 이런 나라에서 공사 하기가 힘들었을 것이라는 걸 새삼 느꼈다. 그들은 도로를 건설하면서 한 변의 길이가 10피트 이하인 돌은 사용하지 않았고, 게다가 그 돌을 운반하는 데 팔의 힘을 이용해 끄 는 것 이외에 다른 방법을 알지 못했다. 그들은 비계(飛階) 를 설치하는 법을 몰라 건물을 높이 올릴 때는 그만큼 흙 을 쌓아 올려 발판으로 삼았다가 허물곤 했다.

화제를 다시 우리들의 마차로 돌려보자. 신대륙 사람들 은 마차 대신에 그리고 그 밖의 다른 교통수단 대신에 사 람들의 어깨에 의존하는 방법을 썼다. 저 페루의 마지막 왕은 포로로 잡혀가던 날 자신의 군대가 싸움을 벌이던 중 에도 황금으로 만든 들것 위의 황금 의자에 앉아 있었다. 그를 떨어뜨리려고(그를 생포할 생각이었기 때문에) 들것을 메고 있는 자를 죽이면, 또 다른 자가 죽은 자를 대신하여 들것을 멨기에, 아무리 그 사람들을 많이 죽여도 왕을 떨어뜨릴 수는 없었다. 그리하여 마지막에는 어떤 기마병이 겨우 왕을 잡아채서 땅에 끌어내렸다.[5]

---

5   몽테뉴는 마차와 관련된 일화를 프란시스코 레페스 데 고마라 (Francisco López de Gómara, 1511~66)의 『인도 통사』(*Historia general de las Indias*, 1552)에서 가져왔다.

서구 문명의 오만에 균열을 내다

• 옮긴이의 덧붙임

1962년 제네바에서 장 자크 루소 탄생 250주년을 공식적으로 기념하는 학술 행사가 열렸다. 기조 강연자로 초청받은 레비스트로스는 '장 자크 루소, 인간 과학의 창시자'라는 제목의 강연에서 루소라는 인물과 그의 저술에 대해 경탄해 마지않았다.[1] 그는 특히 자신을 비롯한 현대의 인류학, 좁혀 말하면 '민족학'(ethnologie) 분야의 학자들이 루소에게 받은 영향을 조리 있게 설명했다. 이 강연에서 레비스트로스는 훗날 루소가 인간 과학으로 발전하게 될 학문의 기초를 마련했을 뿐만 아니라 민족학을 예견하고 그 토대를 다졌다고 말하면서 『인간 불평등 기원론』(*Discours sur l'origine et les fondements de l'inégalité*)의 다음 구절을

---

1 Lévi-Strauss, «Jean-Jacques Rousseau, fondateur des sciences de l'homme», *Anthropologie structurale deux*, Plon, 1973, p. 45~56.

인용했다.

그러나 왜 훌륭한 지식을 뽐내는 이 시대에, 돈 많은 사람과 재능 있는 사람이 잘 결합된 경우를 볼 수 없는지 이해하기 어렵다. 이 두 사람 모두 영광과 불멸을 원하여 한 사람은 자기 재산에서 이만 에퀴를, 또 한 사람은 생애의 십 년을 바쳐 돌이나 초목이 아닌 인간과 인간의 풍습을 연구하기 위해 세계 일주를 했다고 하자. 그리하여 집을 측량하거나 시찰하는 일에 몇 세기를 보낸 뒤에야 겨우 그 집에 사는 사람들에 대해 알아보겠다는 생각이 생기는 것이다.

루소는 인간의 속성과 풍습에 관한 연구가 필요하다는 사실을 일찌감치 간파한 셈인데, 레비스트로스는 이 대목과 『언어 기원에 관한 시론』(*Essai sur l'origine des langues*)의 다음 구절을 연이어 끌어 쓰면서 루소가 민족학을 내다보는 데 그치지 않고 민족학의 대상과 방법론을 놀라우리만치 명쾌하고 간결하게 기술했다고 말한다.

사람들을 연구한다면 자신과 가까운 곳을 바라볼 필요

가 있지만, 인류를 연구하려 한다면 시선을 더 멀리 두어야 한다. 고유성을 발견하기 위해서는 먼저 차이점을 고찰해야 한다.[2]

루소는 인간을 더 잘 이해하기 위해 '인간들'을 연구해야 한다고 역설했고, 또한 고유성을 발견하기 위해서는 먼저 차이점을 관찰해야 한다고 주장했다. 인간이 모든 인류학적 탐구의 과정과 목표 자체가 될 수 있는 발언을 한 것이다. 레비스트로스의 『슬픈 열대』는 조금 과장해서 말하면 루소가 『언어 기원에 관한 시론』과 『인간 불평등 기원론』에서 밝힌 바를 발전시킨 것이라 할 수 있다.

철학자 중에 가장 민족학자에 가까웠던 루소는 비록 자신이 살던 대륙을 떠나 다른 먼 곳을 여행해본 적이 전혀 없지만, 같은 시대의 사람이 할 수 있던 가장 완벽한 수준으로 자료를 조사하고 수집했다. 루소는 농사짓는 사람들의 풍습과 민간 사상을 공감하며 호기심을

2 Jean-Jacques Rousseau, *Essai sur l'origine des langues*, Presses Pocket, 1990, p. 53.

갖고 자료 조사 및 수집에 생기를 불어넣었다.[3]

레비스트로스는 제네바 강연에서 루소 사상의 '이중적 역설'에 대해서도 특별히 언급했다. 루소는 "가장 멀리 떨어진 곳에 거주하는 사람들을 연구할 것을 권장하면서도 일생 동안 오직 한 사람, 다름 아닌 자기 자신만을 탐구"했다는 것이다. 물론 여기서 레비스트로스가 염두에 둔 것은 루소의 사상에서뿐 아니라 유럽 자서전의 역사에서도 한 획을 그은 『고백록』(Les Confessions)을 말한다.

민족학자는 활동 현장에서 낯선 사물과 사람을 마주 대하는 과정을 통해 자기가 속한 세계를 돌아보고 자기 자신을 발견하게 된다. 레비스트로스는 이 점이 민족학자들이 루소에게 지고 있는 철학적 부채라고 주장한다. 여러 민족과 사회의 문제를 천착하고 곰곰이 따져본 다음 마지막에 던지는 질문이 결국 루소의 다음과 같은 질문이기 때문이다. "그런데 나는, 그들과 모든 것으로부터 떨어져 나온 나는 대체 무엇이란 말인가? 바로 이것이 내가 탐구해야 할 문제다"(『고독한 산책자의 몽상』Rêveries du promeneur solitaire).

3   Lévi-Strauss, *Tristes Tropiques*, Plon, 1955; Presses Pocket, 1984, p. 467.

레비스트로스는 이렇게 논의를 이어간다. "타인을 받아들이고 이해하는 단계에 이르기 위해서 무엇보다 자기 자신을 배제해야 한다. 이런 원칙은 루소에게서 왔으며, 인간과학은 오직 이런 토대에 기초를 두고 있다."

레비스트로스는 인간에 대한 루소의 성찰과 자각을 '루소주의의 혁명'이라고 불렀으며, 루소가 민족학의 계기를 마련했다고 말한다. 그리고『오늘날의 토테미즘』에서 루소의『인간 불평등 기원론』을 프랑스 문학 가운데 '일반 인류학을 다룬 최초의 논저'로 규정하고, 루소는 "거의 현대적인 표현으로, 인류학의 중심 문제, 즉 자연으로부터 문화로의 이동 문제를 제기했다"[4]라고 말한다.

레비스트로스의『슬픈 열대』에는 저주받은 원주민 사회에서 느낀 비애감이 암울하게 표현되어 있다. 광대한 열대는 이미 황폐화되었으며, 원주민들은 겨우 삶을 영위하고 있다. 더욱 나쁜 것은 이들 원주민 사회에 선교사, 대농장 지주, 식민주의자, 정부 기관원 등 다종다양한 인간이 현대의 문명―기술뿐만 아니라 질병이나 상업주의적 이

[4]   Lévi-Strauss, *Le Totémisme aujourd'hui*, PUF, 1962, p. 146.

해, 게다가 정신적 해악까지 ─을 침투시켜 위태롭게 유지해오던 그 사회의 균형을 깨뜨리고 있다는 사실이다.

레비스트로스는 1930년대에 브라질 현지 조사에서 찍은 미공개 사진들을 모아 『브라질에의 향수』(*Saudades do Brasil*)라는 제목의 책으로 출간하면서, 이 문제를 다시 언급한다. 16세기와 17세기에 아마존 유역을 탐험한 여행자들은 그곳에서 많은 사람들이 밀집해 사는 도시를 발견하고 그들이 '좋은 영양 상태'에 있음을 목격했다. 하지만 이내 서구의 정복이 인디언들을 멸종시켰고 그 결과 사회는 황폐화되었다. 그리하여 최초의 여행자들과는 달리 후대의 여행자들은 이질적인 모습을 만나게 된다. 레비스트로스는 이러한 두 세계의 만남 속에서 자신이 어떤 세계의 편에 서 있는지 분명한 입장을 취한다. 그는 '계몽주의'를 내세우면서 역사와 진보에 강압적으로 집착하는 태도, 그리고 무엇보다도 유럽 문화가 다른 문화보다 우월하다는 뿌리 깊은 자기민족중심주의 등을 못마땅하게 여겼다.

인류학자는 다른 사람들의 입장에 서서 그 경험을 이해하려고 노력해야 비로소 자신이 속한 사회의 고질적이고 오만한 생각에서 벗어날 수 있다. 레비스트로스는 원시사회의 신화, 관습, 친족 제도, 기타 집단표상의 산물을 다루면서 그들 사회의 관점에서 이해하려고 한다. 그는 유럽문화중심주의를 버리고 자기민족중심주의를 비판하는 도정에서, 신대륙 발견이 불러온 혼란과 충격을 마주하며 야만인·미개인·식인종이라 불린 이른바 원주민들을 선구적으로 탐구한 몽테뉴에게 도움을 청한다. 신대륙의 원주민들이 '야생 과일'과 같은 상태에 놓여 있다는 점에 동의하지만, 이때의 '야생'은 부정적인 의미가 아니라 순수하고 자연 그대로인 상태를 의미한다고 주장한 몽테뉴 말이다.

몽테뉴는 식인종이라 불리는 사람들에게는 "진실하고 유익하며 자연스러운 미덕과 특성이 생생하고 강력하게 살아" 있는데, 유럽인들이 그런 것들을 인위적인 기교나 불순한 이성으로 타락시켜 자신들의 "부패한 취향에 맞도록 순응시켜" 놓았다고 주장했다. 또한 신대륙의 원주민들에게 붙인 '야만'이라는 호칭을 서구 문명사회로 되돌려보냈다. 그러면서 그는 "우리는 자연의 산물이 지닌 아름다움과 풍요로움에 너무나 많은 작위를 가하여, 그것을 완전히 질식시켜버렸다"라고 개탄했다.

식인 풍습을 언급하는 대목에서도 몽테뉴는 당시의 통념과 어긋나는 해석을 내렸다. 그는 원주민들의 식인 풍습보다 "포로를 잡으면 허리까지 땅속에 묻고, 바깥으로 나온 몸통에 많은 화살을 쏜 다음 목을 매달아" 죽이는 유럽인들의 행위가 더 잔혹하다고 말했다. 그는 유럽인들이 내세우는 이성의 법칙에 따라 그들을 야만인이라 부를 수는 있어도, 유럽인들 자신이 신대륙에서 저지른 만행이나 종교전쟁에서 보인 잔인무도함을 고려하면 그들보다 더 야만적이므로 자신들 기준으로 그들을 야만인이라 부를 수는 없다고 했다.

몽테뉴는 신대륙의 사회와 주민을 살펴본 뒤 다음과 같은 소견을 밝힌다. "사람들이 내게 말해준 바에 따르면, 그 나라에는 야만적이고 미개한 것은 전혀 없는 듯하다. 사람들 누구나 자기 풍습에 없는 것을 야만으로 단정하여 부를 뿐이다." 그리고 이렇게 덧붙인다. "실제로 우리는 자기가 살고 있는 고장의 사고방식이나 풍습, 우리가 관찰한 사례 말고는 진리나 이성의 척도를 갖고 있지 않다. 하지만 그 신대륙에도 역시 완전한 종교와 완전한 정치가 있고, 모든 것에 대한 완벽하고 비할 바 없는 풍습이 있다." 몽테뉴의 이 말은 인류학자 레비스트로스에게 금언이 되고 따라야 할 길이 되었다.

레비스트로스는 1961년에 발표한 『인종과 역사』에서 "야만인이란 무엇보다도 야만이라는 사실을 믿는 사람을 일컫는다"라고 말했다. 『스라소니 이야기』(1991)에서는 이렇게 진단한다. "모든 사회의 풍습을 이성의 척도로 판단하면 야만적이거나 미개하다. 그러나 같은 척도라도 그 풍습의 토대를 살펴볼 요량으로 관계나 연관 속에 다양하게 놓고 보면 어떤 사회의 풍습도 야만적이거나 미개하지 않다." 몽테뉴가 「습관에 대하여」에서 잘 설명하고 있듯이 우리는 어떤 풍습에 대해 내적으로 완벽하게 자유로운 판단을 내릴 수 있지만, 외적으로는 그 풍습에 대해 전적으로 존중하는 자세를 가져야 한다. 그리고 바로 이것이 모든 사람이 예외 없이 지켜야 할 규칙 중의 규칙이며 법률 중의 법률인 것이다.

장 자크 루소는 동시대인들 가운데 거의 유일하게 '미개인'(sauvages)에 대해 말했다. 이들에 대한 연구는 "유토피아적 자연 상태의 계시가 아닌 다른 그 무엇, 또는 숲속 깊은 곳에 존재하는 완벽한 사회의 발견이 아닌 다른 것을 제시한다"(『슬픈 열대』). 다시 말하면 그 같은 연구는 우리로 하여금 "인간이 보이는 현재의 본성에서 본원적인 것과 인공적인 것을 구별해내고, 더는 존재하지도 않고 아마 과거에도 결코 존재하지 않았을, 어떤 상태를 인식하는

데 이르게 한다." 레비스트로스는 루소의 '미개인'으로부터 인간의 법에 의해 타락하지 않은 순수한 인간을, 그리고 우리 자신에 대해 많은 것을 가르쳐주는 순수한 인간을 보았다. 레비스트로스는 루소처럼 자기 자신을 위해 단순한 이국 취향으로 '미개인'을 연구하지 않았다. 원시적 삶에서 순수하고 시원적인 삶을 보기 때문에 '미개인'을 연구한 것이다.

몽테뉴는 그 어떤 르네상스 사상가들보다 신대륙의 발견에 충격을 받았고, 유럽인이 저지른 악행과 오만을 비난했으며, 신대륙의 문명과 그리스-로마 문명의 만남이 더 일찍 이루어지지 못한 것을 아쉬워했다. 레비스트로스는 이탈리아 일간지 『라 레푸블리카』에 발표한 「몽테뉴와 아메리카 대륙」에서 "신세계 발견으로 철학과 정치와 종교의 영역에서 유럽의 사상이 맞이할 변혁을 몽테뉴만큼 정확히 이해하고 예견한 학자는 없었다"라고 말했다. 이어서 몽테뉴의 상대주의는 하나의 문화가 권위를 앞세워 다른 문화를 재단하는 절대적 기준을 거부하는 것이라고 밝힌다. 이후 많은 철학자가 몽테뉴를 따라 절대적 기준이라는 모순에서 벗어날 탈출구를 끊임없이 모색해왔다고 덧붙였다.

레비스트로스는 프랑스 기자 디디에 에리봉(Didier Eribon)과의 인터뷰에서 인간의 작업, 특히 인간이 이룩한 과학적 지식에 대해 다음과 같이 말한다. "과학적 지식은 우리 인간이 하찮은 존재임을 가르쳐줍니다. 인류가 사라지고, 지구가 사라지더라도, 우주의 운행에는 아무런 변화가 없을 겁니다. 그 사실로부터 최후의 역설이 나옵니다. 우리는 우리의 하찮음을 보여주는 이 지식이 어느 정도 정확한지조차 확신할 수 없다는 것이지요. 우리는 우리 자신이 아무것도 아닌 존재임을 혹은 대단하지도 않은 존재임을 알고 있습니다. 그 사실을 아는 우리는 그 지식이 진정한 지식인지도 모르는 것이죠. 우주가 인간의 사유로는 측정할 수 없다고 생각하는 것은 그렇게 생각하는 사유 그 자체를 의심하게 만듭니다. 거기에서 탈출할 수는 없지요."(『가까이 그리고 멀리서』*De près et de loin*, 1988)

레비스트로스는 나중에 이런 자신의 '회의주의'가 몽테뉴에게서 비롯된 것이라고 밝힌다. 그는 『수상록』의 저자가 문화상대주의를 설파했을 뿐만 아니라 "우리의 지식을 확립하고, 그것을 확실한 지식으로 다루었다"(『스라소니 이야기』)라고 주장하는 사람들을 비판하고, 진리는 인간이 가진 수단으로는 포착할 수 없으며, 그것이 과연 가능한지를 물었다고 말한다. 레비스트로스는 몽테뉴의 유명한 문장("우리는 인간이라는 존재에 대해 아무것도 알 수 없다")을 종종 인용하면서 "우리는 각자 고유의 특이성을 지닌 하나의 성채이며 생각이나 습관은 그 성채의 성벽이라 할 수 있다"로 그 문장을 해석했다.

루소가 '착한 미개인' 신화를 통해 자연에서 문명으로의 변화에 천착한 것은 맞다. 하지만 그 역시 진보와 이성을 중시한 18세기 정치와 사회의 흐름 속에 있었다. 몽테뉴의 회의주의는 이와는 완전히 다른 차원에서 진행된 성찰이다. 그는 모든 인간은 자신이 속한 문화에 따라 만들어지며, 따라서 엄밀히 말하면 어떤 문화도 다른 문화를 판단할 수 없다고 보았다. 진화론이나 진보적 사상과는 한참 거리가 있는 성찰이다. 현대의 인류학자가 던졌을 법한 몽테뉴의 질문은 유럽 사상사에 처음으로 균열을 일으킨 것이라 할 수 있다.

몽테뉴는 자신이 살았던 시대를 직시했고 관점의 차이를 두려워하지 않았다. 그런 점에서 그는 니체가 말한 '자유정신'(esprit libre)을 온전히 구현한 인물이라고 할 수 있다.

레비스트로스 연보

1908   11월 28일 벨기에 브뤼셀에서 태어남. 아버지 레몽 레비스트로스와 어머니 엠마 레비는 둘 다 유대계 프랑스인. 1909년 가족은 파리로 돌아와 푸생 가(rue Poussin)에 정착함.

1914   제1차 세계대전이 발발하여 아버지가 징집되자 베르사유의 외할아버지 댁으로 이주함.

1918   전쟁이 끝나자 푸생 가로 돌아옴. 바칼로레아(대학 입학 자격시험)를 볼 때까지 장송드사이(Janson-de-Sailly) 고등학교에서 중등 교육을 받음.

1924-1925   벨기에인 친구의 영향으로 마르크스를 읽고, 국제노동자 동맹 프랑스 지부(SFIO, 프랑스 사회당의 옛 명칭)의 사회주의 학생 그룹에서 활발히 활동함.

1926   콩도르세 고등학교의 고등사범학교(ENS) 입시 준비반에 들어가지만 곧 고등사범학교 진학을 포기함.

1927   파리대학 법학부에 입학. 소르본대학에서 철학 공부도 병행. 셀레스탱 부글레(Célestin Bouglé) 교수의 지도 아래 「사적 유물론의 철학적 공리들」이라는 주제로 졸업 논문을 준비. 법학사 학위 취득.

1928   철학 교수자격시험 준비. 모리스 메를로 퐁티(Maurice Merleau-Ponty), 시몬 드 보부아르(Simone de Beauvoir)와 함

께 공부하며 친교를 맺음.

1931 철학 교수자격시험 합격. 합격 동기생들 가운데 페르디낭 알키에(Ferdinand Alquié)와 시몬 베유(Simone Weil)가 있음.

1932 디나 드레퓌스(Dina Dreyfus)와 결혼. 10월에 프랑스 남부의 몽드마르상(Mont-de-Marsan) 고등학교에 철학 교사로 부임.

1933 북동부의 라옹(Laon) 고등학교로 학교를 옮김. 철학을 가르치는 일에 흥미를 느끼지 못함. 이때 로버트 로위(Robert Harry Lowie)의 『원시 사회』(*Primitive Society*)를 읽고 깊은 감명을 받아 인류학에 관심을 가짐.

1935 셀레스탱 부글레의 추천으로 브라질 상파울로대학에 신설된 사회학과 교수로 취임. 카두베오족과 보로로족 탐사로 민족지학에 첫걸음을 내딛음.

1936 1936~1937년 겨울에 잠시 프랑스로 귀국. 인류와 과학연구 박물관(Musée de l'Homme et de la Racherche scientifique, 이하 '인류박물관')에서 그와 그의 아내가 가져온 민족학적 수집품을 전시. 「보로로족의 사회 조직에 대한 연구」라는 논문을 발표해 알프레드 메트로(Alfred Métraux)와 로버트 로이의 주목을 받음. 아메리카 연구에 일생을 바치는 데 결정적인 계기가 됨.

1937 파리에 머무르는 동안 새로운 브라질 탐사를 준비. 1차 탐사의 성과를 인정받아 인류박물관 등의 지원을 받게 됨.

1938 브라질로 돌아와 북서부 지역 원주민 사회를 연구하기 위해 구체적인 계획을 세움. 대학 강의를 일시 중단하고 탐사대를 조직해 남비콰라족, 투피 카와이브족 등을 조사함.

1939 프랑스로 귀국. 브라질에서 가져온 수집품을 인류박물관에 기증. 아내 디나 드레퓌스와 헤어짐. 제2차 세계대전 발발로 징집되어 프랑스우편전신전화국(PTT) 산하 부서에 근무함.

1940 프랑스가 독일에 점령됨. 징집에서 해제되어 군복을 벗음. 몇 몇 친지와 학자들이 록펠러 재단이 주도한 유럽 학자 구출 계획을 통해 레비스트로스를 미국으로 데려오고자 함.

1941 미국으로 떠나기로 결정. 2월에 마르세유에서 배편으로 프랑 스를 탈출하여, 푸에토리코를 거쳐 미국으로 감. 로버트 로위 의 주선으로 뉴욕의 신사회조사연구소(New School for Social Research)에서 강의함. 미국 인류학의 거장인 프란츠 보아스 를 만남.

1942 프랑스 및 프랑스어권 지식인들이 주도해 설립한 뉴욕 고등 연구자유학교(École Libre des Hautes Etudes de New York)에 서 프랑스어로 민족학을 강의함. 미국으로 망명해 온 러시아 태생의 유대인 언어학자 로만 야콥슨과의 만남으로 구조언 어학의 방법론에 흥미를 갖게 됨.

1944 파리 해방 후 프랑스 문화교류처로부터 귀국 요청을 받음. 다음 해 1월, 런던을 거쳐 프랑스에 도착함.

1945 워싱턴 주재 프랑스 대사관의 문정관으로 임명됨. 문화를 구 조적 방법론으로 분석한 첫 번째 글인 「언어학과 인류학에서 의 구조적 분석」을 야콥슨과 공동으로 발표함.

1947 이 해 말에 프랑스로 귀국함.

1948 프랑스 국립과학연구소(CNRS)의 연구 교수, 인류박물관의 부관장으로 임명됨.『남비콰라족의 가족생활과 사회생활』(*La Vie familiale et sociale des Indiens Nambikwara*)을 파리에서 출 간. 논문 「친족의 기본 구조」(Les Structures élémentaires de la parenté)로 소르본대학에서 박사 학위를 받음.

1949 뤼시앵 페브르(Lucien Febvre)의 요청으로 파리고등연구원 (École Pratique des Hautes Études) 제6분과에서 민족학 세미 나를 개최함.

1950 유네스코 문화 사절로 동파키스탄(지금의 방글라데시)과 인도를 여행함. 파리고등연구원 내 종교학 분과(제5분과)의 책임자가 됨.

1952 유네스코 사회과학부의 요청으로 집필한 『인종과 역사』(*Race et Histoire*) 출간.

1953 유네스코 후원 비정부기관인 사회과학국제이사회(Conseil International des Sciences Sociales) 사무총장으로 선출됨.

1954 로즈-마리 울모(Rose-Marie Ullmo)와 이혼, 모니크 로망(Monique Roman)과 결혼.

1955 『슬픈 열대』(*Tristes Tropiques*) 출간. 플롱 출판사에서 '인간의 대지'(Terre humaine)라는 총서를 기획한 장 말로리(Jean Malaurie)의 요청으로 집필한 것임. 당시 문학계에 반향을 불러일으키고 대중적으로도 큰 성공을 거둠.

1958 그동안 발표한 15개의 논문들을 보완하고 그간 있었던 비판 논문에 대해 재반론을 더하여 『구조 인류학』(*Anthropologie structurale*) 출간.

1959 메를로 퐁티의 적극적 도움으로 콜레주 드 프랑스의 사회인류학 교수로 취임.

1960 1월 5일, 콜레주 드 프랑스 교수 취임 기념강좌를 엶. 콜레주 드 프랑스에 사회인류학연구소 창설.

1961 프랑스 민족학의 대표 잡지인 『인간』(*L'Homme*)을 여러 사람과 함께 창간.

1962 『오늘날의 토테미즘』(*Le Totémisme aujourd'hui*), 『야생의 사고』(*La Pensée sauvage*) 출간.

1964 『신화론』(*Mythologiques*) 제1권 『날것과 익힌 것』(*Le Cru et le Cuit*) 출간.

1967 『신화론』 제2권 『꿀에서 재까지』(*Du miel aux cendres*) 출간.

1968 『신화론』 제3권 『식사법의 기원』(*L'Origine des manières de table*) 출간.

1971 『신화론』 제4권 『벌거벗은 인간』(*L'Homme nu*) 출간. 유네스코가 후원한 인종 차별주의 항거 강연회를 위해 『인종과 문화』(*Race et culture*) 집필.

1973 프랑스 최고 권위의 학술 기관인 아카데미 프랑세즈 회원으로 선출됨.

1975 『가면들의 길』(*La Voie des masques*) 출간.

1977 CBC 캐나다 라디오 방송의 '마세이 강좌'(Massey Lectures)라는 프로그램에서 영어로 강연. 일본 재단의 초청으로 일본을 여행함.

1978 '마세이 강좌'의 내용을 『신화와 의미』(*Myth and Meaning*)로 출간.

1981 정신문화연구원(현 한국학중앙연구원)의 초청으로 한국을 방문함.

1982 콜레주 드 프랑스에서 정년 퇴임하고 사회인류학연구소 회원으로는 계속 활동함.

1983 1971년부터 1983년 사이에 발표한 논문들을 모아 『멀리서 본 시선』(*Le Regard éloigné*) 출간.

1984 이스라엘 여행. 버클리·데이비스·샌프란시스코 등 미국 캘리포니아대학 캠퍼스 순회강연. 『행해진 말들』(*Paroles données*) 출간.

1985 『질투심 많은 여자 도공』(*La Potière jalouse*) 출간.

1989 장 기아르(Jean Guiart)의 기획으로 인류박물관에서 「클로드 레비스트로스의 아메리카」(Les Amériques de Claude Lévi-Strauss)라는 제목의 전시회 개최. 『상징과 그 이중물』(*Des symboles et leurs doubles*) 출간.

1991 『스라소니 이야기』(*Histoire de Lynx*) 출간.

1993 인류학자의 시선으로 다양한 예술 작품을 살펴본 비평 에세이『보다 듣다 읽다』(*Regarder écouter lire*) 출간.

1994 1935~1938년 사이에 브라질에서 찍은 미공개 사진을 모아 『브라질에의 향수』(*Saudades do Brasil*) 출간.

2008 파리의 국립인류사박물관 '케 브랑리'(Quai Branly)에서 레비 스트로스관 개관식을 갖고, 탄생 100주년 기념 전시회와 콜로키움(학술 발표회) 개최. 생존 인물로는 이례적으로 갈리마르 출판사의 '플레야드 총서'(Bibliothèque de la Pléiade)에 작품 선집이 수록됨.

2009 10월 30일, 101세를 일기로 세상을 떠남.

옮긴이 고봉만

프랑스 마르크 블로크 대학(스트라스부르 2대학)에서 불문학 박사학위를 받았다. 현재 충북대학교 프랑스언어문화학과 교수로 재직하며 몽테뉴, 루소, 레비스트로스 등 프랑스 사상가들의 저서와 개성 있는 프랑스 소설을 번역, 소개하는 작업을 해오고 있다. 옮긴 책으로『방드르디, 야생의 삶』『어린 왕자』『시몽의 아빠』『스트라이프, 혐오와 매혹 사이』『크루아상 사러 가는 아침』『색의 인문학』『마르탱 게르의 귀향』『세 가지 이야기』『식인종에 대하여 외』『나이 듦과 죽음에 대하여』『법의 정신』『인간 불평등 기원론』『에밀』『역사를 위한 변명』등 다수가 있다.

다시 몽테뉴로 돌아가다

1판 1쇄 발행일 2025년 3월 5일

지은이 클로드 레비스트로스
옮긴이 고봉만
펴낸이 박희진

펴낸곳 이른비
등록 제2020-000136호
주소 10517 경기도 고양시 덕양구 행신로 143번길 26, 1층
전화 031) 979-2996
이메일 ireunbibooks@naver.com
페이스북 facebook.com/ireunbibooks
인스타그램 @ireunbibooks

ISBN 979-11-982850-4-1 03300